心理学与读心方法

张卉妍 / 编著

吉林文史出版社

图书在版编目（CIP）数据

心理学与读心方法 / 张卉妍编著 . -- 长春 : 吉林文史出版社，2018.8

ISBN 978-7-5472-5172-0

Ⅰ . ①心… Ⅱ . ①张… Ⅲ . ①心理学—研究 Ⅳ . ①B84

中国版本图书馆CIP数据核字（2018）第141480号

心理学与读心方法
XINLIXUEYUDUXINFANGFA

编　　著　张卉妍

责任编辑　张雅婷

封面设计　末末美书

图片提供　www.ICpress.cn

出版发行　吉林文史出版社有限责任公司

地　　址　长春市人民大街4646号

电　　话　0431-86037508

网　　址　www.jlws.com.cn

印　　刷　北京永顺兴望印刷厂

开　　本　880mm×1230mm　　　32开

印　　张　8

字　　数　365千

版　　次　2018年8月第1版　2018年8月第1次印刷

定　　价　36.80元

书　　号　978-7-5472-5172-0

前言

preface

　　人的心理是能够被"阅读"的，正如心理学家弗洛伊德曾说："任何人都无法保守他内心的秘密。即使他的嘴巴紧闭，但他的指尖却喋喋不休，甚至他的每一个毛孔都会背叛他！"虽然每个人都戴着面具，但每个人的心理仍然是有章可循的。生物学家和心理学家已经证实，我们的肉体和思想在生理上和心理上都是紧密结合在一起的，精神和身体就像是一个硬币的两面，互相影响、互为因果。当我们思考时，大脑会发生电气化学反应，头脑中的每一个想法都以这样或那样的方式影响着我们的身体。反过来，任何发生在我们身上的事情也会影响我们的精神活动，一个人的外表、姿势、动作和说话的语气，甚至一个眼神、一句叹息都在传达其内心的所思所想。实际上，在人与人交流的过程中，这些非言语信息占到了交流总量的90%以上，人与人之间的交流大部分都是通过肢体语言和声音来传达的，而我们却仅仅把注意力集中在别人对我们说了什么。读心术就是"读"这些被我们忽略的"语言"，通过观察他人的身体反应和特征来了解他人的心理活动。

　　现如今，社会交往的种种艰难之处，全在于个人无法洞察他人的内在心理，无法因时因地与他人在心理上达成融合——内在心理活动上的差异和心理上的距离总是会演变为误解、隔阂、矛盾，甚至于冲突。这种艰难正日益使大多数人对社会交往产生畏惧和困扰——无论是刚刚步入社会的年轻人，还是在社会上奔走多年的职业人士，无论这个人从事什么行业，心理上的困扰都是一样的。在管理领域，一个管理者最艰难的是在与下属的交流中如何能够让下属听进去，下属是接受还是排斥，因为无法洞察下属内在的心理变化，管理活动总是阻碍重重；在与领导的交往中，职员普遍存在的困扰也许是不能清晰地把握领导的真实意图；在社会交往中，当你试图接近一个人的时候，确定对方的态度非常重要，我们要避免犯以下错误：在不应该说某句话的时候说了某句话，在不应该谈论某个问题的时候滔滔不绝地发表长篇评说，在应该让双方保持距离的时候贸然接近对方……如果你希望更加熟悉自己、了解他人，如果你渴望发现自己的内在需求并把握住命运的方向，那就从了解读心术开始吧！其实，读心并不是高深莫测的科学技术，而是人人都可以通过练习而掌握的一种能力。只要你留心观察、认真揣摩，久而久之，也能够练就读懂人心的高明技巧。

人的一举一动都在泄露"天机"，一个无意识的动作，一句不经意的话语，都能反映人深藏不露的本意。在人际交往中，如何才能看人"不走眼"？如何才能瞬间识破他人心？如何才能在不为人知的情况下了解和影响他人？《心理学与读心方法》将心理学知识应用于日常工作、生活中，教你在与人交往的过程中灵活运用心理学的方法，用眼睛洞察一切，"读"懂他人的微妙心思，并对此做出精准的判断，使自己成为所在行业的终极赢家，进而在事业上取得突出的成就，赢得美好、幸福的人生。

目录

perface

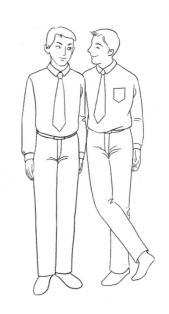

第三章　小动作也会出卖人

第四章　穿着泄露内心的秘密

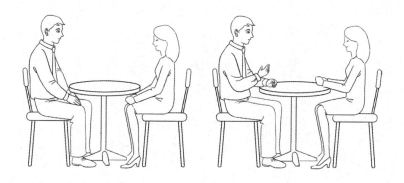

第五章　妆容背后的秘密

第六章　察言辨音知人心

第九章　百变手势暗藏玄机

第十章　行为习惯是内心性情的真实写照

上篇

从身体语言瞬间读懂别人心思

什么是身体语言

身体语言（或称非语言交流）是人类及其他一些动物采用的一种交流方法，通过有意识的或无意识的手势、姿势、身体动作或面部表情来传达信息。

身体语言主要有 3 个方面的作用：

- 作为一种有意识的方式，使用身体语言代替口头表达。
- 使用身体语言增强语言的表达效果。
- 情绪会通过身体语言泄露出来。

用身体语言代替口头表达

身体语言可以起到与口头表达相同的效果，其中包括用静默无声的方式传达串通和共谋的信息（比如，向对方眨眼睛）、表达同意的意思（比如，点头）、表达羞辱的意思（比如，英国式的 V 字形手势），以及表示赞许（比如，竖起拇指）。

用身体语言增强言语的表达效果

我们最为常见的是，说话的人会潜意识地运用手部姿势和动作增强他们用语言表达出来的观点和看法。这些手势和动作也反映出他们热切地希望倾听者能够接受他们所表达的观点。

身体语言反映人的情绪

一些非语言行为（比如，人们往往会有意识地展露出快乐的微笑，或者面带怒容）很容易被人们发现，让人心领神会。还有另外一些身体语言（比如，身体的指向和瞳孔的扩大）是在无意识的状态下表现出的情绪。更确切地说，身体语言倾向于表露人们内在的情绪、感受、态度和看法，而表现出这些身体语言的人可能并没有意识到这些，或者希望隐藏他们自己内在的情绪和感受。要把这些手势、动作或迹象放在所处的情境来看，或者将之放在所涉及的身体其他部分的姿势群组中看，否则很容易被人们遗漏、忽略或错误地识别。

身体语言的早期研究

身体语言和我们人类这个物种一样源远流长。但是，开始科学地理解和研究身体语言是在近几十年。那个时候，部分活跃在美国的社会心理学家和人类学家开始对身体语言的组成部分展开详尽的分析。然而，在 20 世纪之前，就有一些人对身体语言进行过研究。

17 世纪

关于身体语言的第一本书大约出现在 300 多年以前。约翰·布尔沃写的《手势研究：手部的自然语言》（1644年出版）一书，对手部动作的意义展开了开创性的考察和研究。

19世纪

19世纪，戏剧和哑剧老师们教导演员如何通过面部表情和身体动作来表达自己的情绪和感受。

1900年

威廉斯·文特，德国现代实验心理学的著名创始人之一，曾经出版过《道德心理学》一书，其中有一章重点论述了身体的姿势语言。

身体语言和动物行为

19世纪

在非语言交流的科学研究领域中，早期最具有里程碑意义的重要事件就是自然主义者查尔斯·罗伯特·达尔文于1872年出版了《人与动物的情绪表达》一书。这部著作产生了深远的影响，它首次提出了人类、猩猩和猴子从共同的祖先那里遗传了类似的面部表情，并用这些表情表达其特定的情绪，证明了人类与动物的情感具有高度的相似性。达尔文的著作激励人们继续研究，最后形成了一门专门研究动物行为的学科，也就是"动物行为学"。

20世纪

1969年，英国著名的动物学家和人类行为学家德斯蒙德·莫里斯在他的畅销书《裸猿》中对人类的行为和动作给出了动物行为学方面的解释。这在出版界制造了很大的轰动，受到广泛的欢迎。在专门探讨人类各种行为模式的《观测人类》一书中，以及他后来的著作和电视节目中，莫里斯再次强调，我们应该把非语言交流归功于我们身上潜伏的动物本性。

人体动作学和人际距离学

人体动作学和人际距离学共同形成了现代非语言沟通和交流的基础。

人体动作学

人体动作学也被称为举止神态学，是研究人们在与另一个人谈话时通过肢体动作进行沟通的学科。

人体动作学研究的开拓者

雷·L.伯德惠斯特尔博士，美国人类学家、人体动作学的先驱。他运用慢镜头回放那些表现对话场景的电影，分析人们的行为动作。他在许多著作中阐述了他的发现和研究成果，代表作是《人体动作学导论》（1952年出版）。

阿尔伯特·E.舍夫兰，美国精神病学家，也是一位对人体动作学的研究有巨大贡献的开拓者。他认为人类的活动由许多细微的、习惯性的动作组成，并对这些活动进行了分类，将其归到更大的类别之中。他发现，示爱行为往往沿着一套可以预见的行为顺序而进行的。同时他还意识到，当人们将其他人算在一个团队中的时候，或者将其他人排斥在一个团队之外的时候，人们往往会呈现出不同的姿势，或者采取不同的动作。单独个体的姿势发生变化，可以反映出他们赞同其中的哪些人。

格哈特·尼尔森博士，他在哥本哈根大学心理学实验室进行研究。格哈特曾经出版过《自我控制研究》一书，其中描绘了体态语言在美国年轻男性所谓的"示爱舞"这一场合中有着极其重要的作用。他发现，一位年轻的美国男性与舞伴从第一次接触到发生性关系的过程中，会沿着 24 个行为顺序和步骤逐步进行。

保罗·艾克曼，美国研究调查员。1980 年，艾克曼和同事佛莱森、沃尔莱特创造了几个术语，用于人体动作学的研究。这些术语是"象征动作"（一个具有象征意义的手部动作，配合语言表明意义，是一类特殊的身体语言，比如，竖起拇指）；"说明动作"（一种强调说话节奏的手部动作，比如，用手指指戳）；"操纵动作"（一种肯定自体的手部动作，或者要执行一个有帮助性的工作，比如，拉直领带）；"惊讶眉"（一种在吃惊的时候表现出来的面部特色，比如，眉头高扬，眼皮因为眉毛的抬高而拉伸，比平时更明显）。1991 年，保罗·艾克曼获得美国心理学会颁发的杰出科学贡献奖。他较早地对脸部肌肉群的运动及其对表情的控制作用做了深入研究，开发了面部动作编码系统来描述面部表情。

人际距离学

人际距离学是研究人们如何利用周围的空间和距离用非语言的方式传达信息的一门学科。

人际距离学研究的开拓者

爱德华·T.霍尔，美国人类学家，于 20 世纪 60 年代早期发明了"人际距离学"这个术语。他发现，人们认为他们需要多少私人空间取决于他们所处的社会环境。他还提出了社会交往中的空间距离理论。霍尔最初的研究焦点集中在不同文化群体的人际距离上，但后继的研究者已将其研究范围扩大到人类空间行为。

罗伯特·萨默博士，美国心理学家。1969 年，他开始使用"人际空间"这一术语。这个词语的意思是：人们想要保持的"感到舒适自在的独立空间"。他描述了在医院中进行的一系列实验。萨默博士研究了故意闯入病人的私人空间后病人所表现出的一些拘束、不安、心烦意乱的反应。

性别和文化差异

本书中所描述的身体语言，大部分源自于欧美国家。要研究世界其他地区的身体语言不是那么容易进行的。即便如此，本书还是想方设法涵盖了大量非洲、亚洲和拉丁美洲的实例。

具有性别和文化特色的身体语言

人们往往会注意到，特定的性别或文化群体更有可能会表现一些特定的姿势和动作。不过，这么说不是在标榜"性别主义"，或者表现出任何种族偏见。确切地说，只是为了反映出在现实世界中实实在在的人们都在使用什么姿势和动作。

变体与解释

本书中的姿势和动作尽管范围广泛、数量众多，但是都对其做了详尽而充分的介绍。其中为读者所熟悉的一些特定姿势动作的变体，我们并没有将之收录其中。我们对每一种姿势和动作都给出了解释。一些动作所特有的含义会因为文化和区域的不同而有所变化。

第二章 表情和姿势

常见的面部表情

经研究发现，在全世界范围内至少有 6 种常见的面部表情是人类与生俱来的，而不是后天习得的。这些表情是：快乐、悲伤、惊奇、恐惧、生气和厌恶。

每一种表情都需要面部各个部位的组合，并进行令人难以置信的、微妙的重新组合和排列，然后才能传递出独一无二的信号。人们往往能够迅速地辨认和识别出这些表情及其含义。我们的面部有 3 个能够独立运动的部分，包括：

● 额头和眉毛。

● 眼睛、眼睑、鼻子。

● 脸颊、嘴和下巴。

备注：下面描述的表情都是伴随着非常强烈的情绪而产生的，并不是表现微妙感情的表情。

快乐

尽管微笑并不是表现快乐独一无二的信号，但微笑确实是这种情绪最显而易见的标志。微笑对面部产生影响的部位主要涉及眼睛、嘴和脸颊。

❶ 眼睛

下眼睑微微上扬，在下眼睑下面会出现皱纹。鱼尾纹可能会分布在眼角外围。

❷ 嘴

当唇角向外和向上运动的时候，嘴巴就会变长。你的双唇可能会分开，并露出牙齿（通常露出上面的牙齿）。大笑也可能会产生两条笑纹，从唇角的外部一直向上延伸至鼻翼。

❸ 脸颊

你的脸颊会上升，鼓胀起来，有可能高到让你的双眼看起来变窄变细的程度，这样会更加凸显出嘴到鼻子之间的笑纹。

悲伤

❶ 眉毛和额头

眉端上扬，因此，双眉之间的空间、鼻子根部，以及两只眼睛会呈现出一个三角形。在这个三角形的上方，额头可能会出现皱纹。

❷ 眼睛

噙在眼睛里的泪水会闪闪发光。

❸ 嘴

从整体上来说，嘴最能表露出人的悲伤情绪。悲伤的时候，嘴角下垂，会凸显出整个面部松弛呆滞和无精打采的表情。如果你因为悲伤而流泪哭泣，你的双唇可能会颤抖。

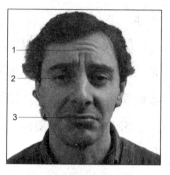

惊奇

❶ 额头和眉毛

当你感到惊奇的时候，眉毛会向上翘。额头的皱纹会形成波状，横向分布在额头上。

❷ 眼睛

当双眼睁得很大的时候，会露出更多的眼白。

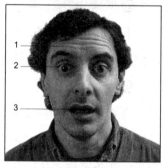

❸ 嘴

你的下颌下垂，嘴微微张开。

恐惧

当你受到惊吓或感到害怕的时候，你的面部的各个部位做出的反应也非常多。然而，在世界的许多地方，还存在着细微的差别。

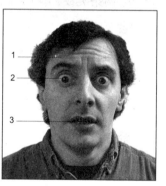

❶ 眉毛和额头

感到恐惧的时候，你的眉毛会上扬，并皱缩在一起。相比在惊奇中的表情，眉毛看上去没有那么弯曲，你的额头也会出现皱纹，但是，这次并不完全是横向分布，而是眉间往往会出现纵向的皱纹。

❷ 眼睛

你会抬起上眼睑，露出眼白。下眼睑会变得紧绷，并且上扬。

❸ 嘴

你的嘴会张开，双唇会紧紧地向后拉伸。

生气

❶ 眉毛

当你感到生气和愤怒的时候，肌肉会将你的眉毛往下拉，并向内紧缩。眉头紧锁，会让两眉之间出现纵向的皱纹。

❷ 眼睛

当你的上眼睑和下眼睑向着彼此位置移动得越来越近的时候，双眼会变得窄而细。你的眼神看起来严厉而冷酷，像是凝视他人的样子，甚至眼睛看起来像要突出来一样。

❸ 嘴

双唇很有可能紧闭，形成一条线，嘴角向下，或者嘴巴张开，双唇紧张，就像要爆发出大声的喊叫一样。

❹ 鼻子

一些处于盛怒中的人会皱起鼻子，或者张开鼻孔。

厌恶

当某些东西或事情让你感到讨厌或憎恶的时候，这种情绪主要会反映在你的眼睛里面，以及面部的下部分。

❶ 眼睛

下眼睑上扬，在眼睑下方会出现一些皱纹。

❷ 嘴、鼻子和脸颊

你会皱起鼻子，脸颊上移，双唇可能会上扬，或者仅仅只是向上牵动上嘴唇，下嘴唇下拉，嘴巴微微翘起。

手部姿势

除了面部之外，最能形象直观地表达说话者情绪的部位就是手。对于我们来说，手是如此的重要，即使当我们没什么重要的事情要做的时候，我们也会让手动起来。说话的人将他们的手形成特定的形状，配合他们在说话的同时敲击和挥动，就像乐队指挥使用手中的指挥棒一样。通过模拟出相应的动作，或他们想要传达的情境，手部姿势和动作可以在不知不觉中增强说话者要表达的意思。手部动作以两种形式为基础，一种是有力的捏握，另一种是拇指与其他手指接触的巧握。它们是我们所拥有的抓握物体的基本方式。做手势还包括模拟敲击、砍劈、请求以及其他动作。这里搜集了一系列敲击的手势，是由德斯蒙德·莫里斯博士发现并识别出来的。说话的人经常用这些手部姿势和动作来强调自己不同的意图。

巧握

当我们用拇指和其他手指握住一些小东西的时候（比如，钢笔或针），我们使用的就是巧握。这种方式能够让我们精巧地掌控需要抓握的东西。在说话的过程中，当我们想要精确地表达一个观点的时候，我们可能会表现出巧握的手势和动作——手上却空无一物。做出这个动作的时候，手掌心往往面向着说话者的身体。

❶ 拇指与食指接触

说话者用这个手势和动作模拟出巧匠或工艺师们在娴熟地运用精细的工具。在这幅图中，这位演说者看起来正在用这种精巧的手指相接触和巧握，来强调他的观点。

❷ 拇指与其他手指接触

这也表明说话的人想用这种精巧的手指相接触来表明一种精确的观点。

❸ 拇指几乎与食指接触

在这个动作中，拇指和食指并没有完全与食指相接触。当说话的人在询问问题的时候，或者对讨论中的某个观点不太确定的时候，可能会做出这个手势。

有力的捏握

当我们需要使用一件东西（比如，锤子）的时候，或者当我们需要抓住某些东西（比如，栏杆扶手或公交车上的拉手吊环）为了保证身体的平稳时，我们就会充满力量地运用"有力地捏握"这个动作。我们会用整只手将东西捏握在手掌中，拇指和其他手指向内弯曲，牢牢地抓住这个东西。在演讲和说话的过程中，我们也有可能展现出捏握的动作和手势。我们的手中常常什么都没有，要么是轻微的捏握（手指弯曲），要么以强有力的捏握形式（握紧拳头）表现出来。"捏握"的手势，大部分表现出演说者希望强有力地表达自己的观点，或者控制听众。与"巧握"相同的是，在做出"捏握"的手势时，手掌通常都面对着演说者的身体。

❶ 握拳

这种手势是充满力量的捏握，通常象征着信念和决心。公众演讲者和政治家们大多熟知这一动作，并会在演说中有意识地加以利用，而在现实生活中并不怎么使用。

❷ 拇指和其他手指向内弯曲，好像散漫地握着一件东西

这个手势是温和的"有力捏握"。

当一个人在说某些话的时候不是非常强有力或信念不是非常坚定的时候，往往会采用这个动作。不管怎么样，他都希望别人能够严肃地对待他说的话。

❸ 拇指和其他手指向内弯曲，好像握住了一件无形的东西，但是还没有完全握住

在这幅图中，这位演说者可能正在努力建立自己在听众中的权威性。

象征性地击打

在说话的过程中，我们可能会将手当作一件武器来使用，做出某种形式的击打动作。不管是用手指戳、用拳猛击，还是做出劈砍的动作，这些击打动作都是对着空气进行的，而不是针对某个物体或某个人。在这个过程中，手掌或手指往往向外。当我们运用这些手势和动作的时候，就会泄露出我们所具有的强烈情绪，以及不乐意遭到他人反驳和抵触的心理。

❶ 指戳

当一名演说者在语言上攻击他人的时候，往往会向那个人有节奏地做出指戳动作，就好像刺中了他人的身体一样。

❷ 用手指敲打

在这个手势中，盛气凌人的演说者会竖起食指，上下来回地敲打，象征着一根棍棒正在敲打对手，或象征着高举手臂打击敌手，直至对方表示屈从投降。

❸ 用拳猛击

演说者会紧紧地攥着一只拳头，有的时候是两只拳头，对着

空气猛击，以此强调和增强具有进取精神或进攻性的观点。

❹ 用手做劈砍动作

强有力的演说者可能会象征性地将手当作斧刃，做出向下劈砍的动作，通过这种方式来强调他有决心克服障碍和困难。

❺ 剪的动作或用双手砍

在这个手势中，有说服力的演说者会交叉前臂，用两只手向外做出砍的动作。

当演说者在言语上表达反对他所不同意的政策和看法的时候，可能会用到这种手势和动作。

❻ 用手掌推

演说者举起一只手或双手，展开，掌心向前，就好像要挡住某个不怀好意的人接近一样。当演说者在言语上拒绝或反驳某个观点时，这个动作可能会随之而生。

展开双手做出的手势

除了劈砍和用掌推的手势之外，展开双手做出的一些手势大部分都显示出演说者希望能够和听众建立友好的关系，感情融通。

❶ 比画"鱼的大小"

演说者同时伸出两只手，看起来就像是在比画捉到的一条鱼的大小，但是，随后她会用双手上下来回地敲打。这个手势表明，演说者希望能将自己的想法投射到听众的大脑里去。

❷ 手指分开

演说者伸出一只手，所有手指都分开，犹如演说者希望与每一个听众产生联系一样。

❸ 掌心向上

演说者对着听众，将双手展开，掌心向上。在人们的潜意识里，认为这个手势类似乞丐行乞，表明演说者请求他人给予自己支持和赞同。

❹ 掌心向下

演说者伸出双手，掌心向下，并上下来回地拍动，这种手势旨在平息一种紧张而激烈的气氛和情形，或者让喧闹嘈杂的听众安静下来，让演说者继续讲话。

❺ 掌心向内

演说者伸出双
手，掌心对着身体，
好像要包围某个人一
样。这个手势强调的
是演说者想努力让
听众更近距离、更

深入地了解他的思维方式。这个动作也表明，演说者希望能够理
解讨论分析的主题或假设。

第二章 保持距离

三大防御区

大部分动物进行防御的区域可以分成三块：

● 身体周围的地带。

● 养育幼崽的巢穴。

● 在其活动范围之内的领地——动物在此地带漫游、觅食、寻找配偶等。

对于人类来说，与动物的三大防护区相对应的分别是：①私人空间；②家；③花园或庭院（如果有的话）。在这里值得我们注意的问题是：

● 人们会以什么样的方式表现出这些手势、动作和姿势，以显示其对某件物品或人的占有？

● 如何维护私人空间？

● 个体失去私人空间之后会做出怎样的调整？

私人领域

为领地而战

动物在它们自己的领地上比在其他地方更加勇敢、更具进攻性。它们对任何入侵者都会表现出敌对情绪，而且可能与之交战，将入侵者驱逐出去。即使入侵者比自己强大，领地的所有者也可能会以更大的决心和更强的信心与之斗争，而且往往会获得最终的胜利。

人类也是如此。当人们在自己家里或在自己的地盘上时，相比这些范围之外的地方，更加会觉得自己处于优势地位。相应地，一位陌生人受邀到别人家里做客，或者球队在客场赛中，都可能会感觉自己处于劣势地位。

警告他人不得靠近

为领地连续不断地争战，可能会让动物的生活变得难以忍受。因此，许多动物都遵循着一套行为规范——避免与其他动物展开斗争。鸟儿会歌唱着"声明"它掌控了一片树丛。哺乳动物可能会利用尿液、排泄物或者散发的气味，在它的领地上做记号。大多数潜在的入侵者也会将这些东西和气味识别为"不得靠近"的标记，并且服从。如果它们在边界线上游荡，即便它们没有立即展开攻击，在这块领地中定居的动物也可能会表现出一种本能的反应，这样一来，就会将潜在的入侵者吓跑，从而避免了流血和争斗的发生。

人类也同样如此。我们会对自己的家、其他所属领地，以及所有物进行"私人标号"，以显示所有权归我们所有，其他人随后就不会接近。如果我们邀请别人到家里做客，我们会以一种占据支配地位的方式来行事，当然这种感觉非常微妙。而那些受邀者则可能会感到拘束，觉得不如在自己家里那么行动自如、言谈随意。破门盗窃、入室抢劫，以及其他具有进攻性的侵扰他人"领地"的行为，都是违反日常规则的事情。

表明所有权

对于我们认为属于自己私人领地的人或物，我们会运用姿势、手势和动作表明其属于我们所有。有很多姿势、手势和动作可以表明某人或某物的所有权，下面就是一些常见的例子：

● 如果一位女士想向旁人表明自己与丈夫的关系，当他们在外面散步或闲逛的时候，往往会挽住丈夫的胳膊（参见图1）。如果一位男士想在公共场合中表明他与妻子的关系，则可能会将手臂搭在妻子的肩膀上。

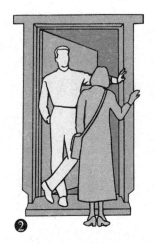

● 某人在与他新买的汽车拍照留影的时候，往往会摆出一些姿势表明自己就是这辆车的主人。他可能会将手放在车顶上，或者将脚踩踏在保险杠上。

● 一家房子的主人在门口和别人谈

话的时候，往往会依靠在门框上，表明其对这所房子具有所有权（参见图2）。

● 一位企业管理人员可能会在闲暇的时候将一条腿横放在办公椅的扶手上，或者将两只脚搭在办公桌上。通过这样的方式，以显示出他对工作场所的所有权，以及身处其中悠闲自在、不受拘束的感觉（参见图3）。

私人空间地带

我们会向其他人表明自己拥有一些物品或人的"所有权"，也会小心翼翼地守护或唯恐失去我们身边的空间和场所。在我们的周围，存在着一种无形的空间，每个人都在想方设法地维护它们。

尽管我们都是社会性的生物，但是，大多数人都会尊重他人的私人区域，并小心翼翼地让自己身处这个范围之外。

五大空间地带

人类行为学的研究者发现并确定了五大空间地带——亲密地带、熟悉地带、私人地带、社交地带、公共地带——它们的中心是相同的。这五大空间地带会影响人类的行为。这里给出的地带范围，反映出这些研究调查主要是在世界上的英语国家进行的。

（1）亲密地带

（2）熟悉地带

（3）私人地带

（4）社交地带

（5）公共地带

❶ 亲密地带（0~15 厘米）

一般情况下，一个人只会期待自己的爱人、挚友或者亲戚到达这么近的距离，因为他随后会触摸或拥抱他们。如果某个人——一个不被这个人喜欢的人或是不太了解的人——闯入了这个亲密地带，此地带主人的情绪反应可能会表现得非常强烈，在后文中将对这些内容展开详细的论述。

❷ 熟悉地带（15~45 厘米）

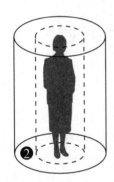

一个人会乐意让自己的爱人、挚友或亲戚靠得这么近。避免陌生人靠近这一空间，对于一个人的舒适感和安全感来说非常重要。如果他不喜欢或不太了解的某个人进入了这个地带，他可能会感觉压抑，身体可能会在不知不觉中产生一些变化，准备好应对令人厌恶的骚扰或身体方面的侵害。

❸ 私人地带（45 厘米 ~1.2 米）

在聚会或其他一些交际盛会上，在和其他人聊天的时候，大多数西方人喜欢和别人保持这样的一段距离（参见图 a）。如果稍微站得近一点儿，两个刚认识的人可能看起来就会

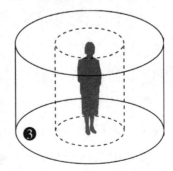

显得过分亲密，不是那么适当和得体（参见图 b）。而如果两个人站得稍微远一点儿，看起来又会觉得不对劲（参见图 c）。因为，如果某个人和一个人站得太近，这个人会下意识地觉得受到了威胁；如果两个人站得太远，这个人又会觉得自己受到了冷落，遭到了对方的拒绝。这充分反映出人性中竞争力强和热衷交际的特点。

❹ 社交地带（1.2~3.6 米）

尽管这个名称中提到了社交，但这并不是用于人们在聚会上聊天的那种私人地带，这一地带比人们在私人地带中身体的距离还要远一

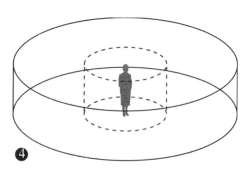

些。在商店里或大街上，当顾客与店员说话的时候，我们都能看到社交地带在发挥作用。当某种类型的商业互动开展时，人们可能会采用这种私人地带。

❺ 公共地带（3.6 米以上）

如果一个人面对着一大群听众演讲，他站的地方与第一排的人可能至少要隔这么远的距离。

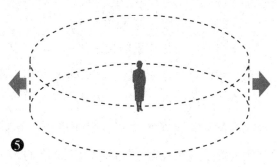

文化差异

我们需要多大的私人空间会根据我们生活的地域的不同而有所变化。当来自不同文化背景的人们谈话的时候，彼此之间的距离都有着很大的区别。

● 当两个北美洲的人或者两个西欧人谈话的时候，其中一个人可能会伸出手臂，并用指尖接触另一个人。

● 当两个俄罗斯人谈话的时候，其中一个人会伸出手臂，并用手腕接触另一个人。

● 当两个拉丁美洲人或两个意大利人谈话的时候，其中一个人会用肘部接触另一个人。

● 来自英语国家、日本和北欧的人经常会避免漫不经心的接触。

● 从大体上来说，来自中国、法国、印度和爱尔兰的人能接受一些不经意的接触。

● 来自拉丁美洲、地中海沿岸、俄罗斯和亚洲部分地区的人能够随意地进行大量的漫不经心的接触。

区域性文化冲击（也称文化休克）

来自不同文化背景的人碰到一起的时候，他们对空间不同的需求和假设会引起一些尴尬，下面这些情况都是可能出现的。

聊天时的距离

在国际性的学术会议、商业集会或外交会议上，有的人对空间的需求只是长至手腕的距离，而有的人对空间的需求则达到一手臂长的距离。当来自不同文化的两个人主持会议的时候，可能会出现尴尬的情形。如果需求近距离接触的那个人向另一个需求远距离的人靠近时，另一个人可能会觉得受到了威胁，并下意识地向后退，以保护自己的私人空间不受侵犯。这种"侵犯"和"后退"会一直进行下去，直到不停后退的人退至墙根或其他障碍物处，再也无法后退，或者直到这场互动结束为止。

问候

一位拉丁美洲人可能会给来自国外的同行或业务伙伴一个拥抱以示问候。但是，对于另一个人来说，如果他来自北美，可能会感到困惑和慌乱（参见图1）。

握手

一位韩国商人——受过避免身体接触或目光接触的教育，如

① ②

果他的西方合作伙伴要与之握手，而且是紧紧地握着，并注视他的眼睛，这位韩国人可能会感到拘束、不自在（参见图2）。

维护私人空间

当人们聚集到一起，当有新人进来时，他们通常都会调整自己的想法，看看自己需要保护身边多大的空间。要知道在我们的日常生活中这一过程是如何影响人类行为的，请看下面列举的情境：

在理发店

理发店里通常都为等候的顾客设有一排椅子。如果第一位顾客坐在这排椅子的一端，下一位顾客则很有可能坐在中间。因为这样既不会让第二位顾客因为和第一位顾客离得太近而不自在，也不会觉得自己和别人离得太远而产生孤立和隔离的感觉，或者看起来落落寡欢。如果第三位顾客坐在这排椅子的另一端，第四位顾客则可能会在中间顾客和另一端顾客的中间选择一个座位坐下来。当越来越多的人陆陆续续进来的时候，顾客与顾客的间隔会越来越小，直到一些人不得不挨着别人坐。类似的行为也可能会发生在医院的等候室中、电影院里、公共汽车上。

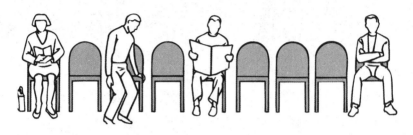

在队列中

人们就好像站在一个个无形的空间泡状物里一样，这些空间泡状物将他们与站在前面和排在后面的人隔开。如果从侧面来观察一个队列，每个人与前后等候者之间的间隔大致相同。如果空间有限，这种空间泡状物就会逐渐缩小。

失去私人空间后做调整

有的时候，要保证这种无形的空间泡状物完好无损、原封不动，几乎是不可能的事情。在拥挤的电梯里、公共汽车上或地铁中，人们坐得如此之近，站着的人靠得如此之拢，他们的身体常常不停地与别人的身体发生碰触。通常来说，如果一个人与陌生人靠得太近，他可能会感到紧张，觉得有压力，这种压力会让身体产生一些生理上的变化——准备着斗争或逃跑。

"忽略"他人

然而，适应拥挤的情形又有所不同：每个人都在忽略彼此。人们会阻止自己的社会性信号的传输，将其他人视作"非人"。为了达到这一目的，人们经常会用到一些技巧。

● 人们倾向于静静地站着或坐着。人越多，越拥挤，人们移动身体部位的频率就越少。

● 通常，人们的脸会变得毫无表情。这些在交通高峰时期的人们那里可以见到，他们茫然一片、呆滞死板的脸，往往意味着他们在努力不与他人沟通，而他们本身并不像看上去的那般痛苦和讨厌。

● 当人们被挤得不得不肩挨着肩站立的时候，人们往往会避免看自己身旁的人，而是会盯着地或头顶上的东西。

● 如果还有足够的空间可以看书或看报纸，那些手捧书籍、杂志或报纸的人，看上去就像觉得其中的内容引人入胜、非常有趣一样，而事实上并不一定是这样。

当不可避免会碰触到他人的时候

在拥挤的人群中，当人们无法避免碰触到其他人的时候，他们会仅仅让肩膀和上臂有所接触。然而，如果发生了更加亲密的接触，他们会设法移开，尽管这种努力往往看起来收效甚微。

第四章 聚到一起

第一印象

我们对别人最初的印象主要建立在外表上：一部分在于衣服和发型，主要在于脸部和身体。当然，一旦我们认识并了解了某个人，我们可能会发现最初的看法是错误的。一开始我们认为没有吸引力的人，如果我们发现他和自己有共同的兴趣爱好，可能就会觉得他越来越有魅力。有的时候，我们曾经认为幽默风趣的人，可能变得不那么有趣，或根本不像我们当初认为的那么招人喜欢。

开始认识和了解

一旦我们看到某个人，如果从总体上来说，他的外表是我们所喜欢的，我们往往会与之进一步接触。两位同性或异性在聚会中相互认识，在这个过程中，他们通常会表现出以下几大"信号"。

友好的兴趣

这一点往往通过下列方式表现出来。

● 一个人望过去，与另一个人视线相对。

● 他们彼此靠近，握手，然后相互自我介绍。

● 他们可能站着，半对着彼此，保持着私人地带的距离。

● 当他们谈话的时候，大部分时间他们会微笑。

● 两个人都会密切地关注对方在说什么。

● 倾听者会时不时地点一下头，鼓励讲话的人继续说。

● 当他们谈话的时候，可能开始觉得和对方在一起越来越轻松自在，并且还会通过改变他们的姿势、手势和动作表现出这一点。

● 当他们感觉越来越自在和舒适、越来越和对方言语投机、越来越认同对方的观点时，他们自己的意见和看法甚至可能开始与对方惊人的相似。

性兴趣

间隔着一定距离的两个陌生人，在性方面相互吸引的时候，他们可能会瞟一眼彼此的胯部，两个人目光纠缠，在无意中表露出各自内心的秘密。根据一些研究者的调查，这一行为并非取决于性别。

谈话中的目光接触

在各种各样的人际关系中，眼睛发挥着重要的作用。要建立一种关系，首先需要认识某个人。认识某个人不可避免地会涉及谈话。对于一场友好的、不存在任何威胁的谈话来说，参与谈话的两个人往往都会通过扫视对方的方式来相互鼓励。死死地盯着某个人看，通常被认为是在挑衅对方。因此，在友好的邂逅中，目光接触往往都是参与者双方有施有受，既给予也接受。

说话者的目光接触

一般来说，在平常的社交性偶遇中，当说话者想做下面这些事情的时候，他会瞥一眼倾听者。

◇ 想要开始说话。

◇ 想看看自己对倾听者的评价是否产生了影响，以及产生了什么样的影响。

◇ 想从倾听者那里得到反馈。

当说话者的思绪、意见和评论像水流一样酣畅淋漓地娓娓道来时，他往往会把脸转过去看别处，以此阻止倾听者打断他说话。

倾听者的目光接触

在西方国家的大部分地区，倾听者往往比说话者的观看和注视的行为更多。根据一些研究人员的调查和研究，倾听者用于观看和注视的时间大约占据了整个过程时间总量的30%~70%。至于具体的比例，取决于倾听者的文化背景，及其对说话者的兴趣多少。在一些非西方文化中，以及部分西方国家和地区，说话者做出的观看行为往往比倾听者要多。一旦倾听者变成了说话者，注视的行为通常会发生变化，以适应这种新的角色。

延长目光接触

当正在谈话的人越来越有感觉，或对对方越来越感兴趣的时候，延长目光接触的行为就会发生。对对方产生性方面的兴趣，或产生防御意识，甚至产生敌对情绪，或者想进行侵犯行为的时候，也可能会导致目光接触延长。

会话中的注视

人们在相互交谈的时候，他们观看对方的什么部位，为其他人看出他们之间是什么关系提供了"证据"，如下列例子所示。

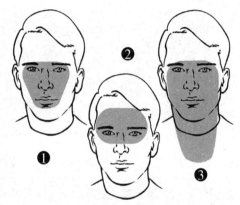

● 在一场正规而友好的会话中，每个人的眼睛通常都会聚焦于另一个人的眼睛和嘴之间的部位（参见图1）。

● 一位有着丰富经验的谈判者可能会将视线聚焦于其他人的前额和眼睛部位，以此为他的谈话营造出意志坚定的气氛（参见图2）。

● 有可能成为性伴侣的两个人，在近距离进行亲密会话的过程中，他们注视彼此的范围可能从眼睛下行至胸部（参见图3）。

身体接触

这一部分介绍了常见的一般的身体接触和亲密的身体接触，同时介绍了可能涉及的其他人际关系和情形。也许在现实世界中，这些关系模式与该部分描述的可能会有细微的差别。

一般的身体接触	
身体接触方式	**参与者 / 含义**
一个人轻轻地拍另一个人	父母和孩子； 摆出恩赐态度，要人领情的成年人； 表示愿意支持另外一个人
一个人拨弄另一个人的头发	父亲在逗弄儿子； 一位女性逗弄另一位女性
用拳击的时候有意识地不用力	父亲在逗弄儿子； 一位男性在逗弄另一位男性
某个人在走路的时候，将手放在同伴的背上	父母和孩子； 主人和客人
两个人正式地握手	初次相见的两个人
两个人热烈地握手，其中一个人可能会用： ①两只手握住另一个人的右手（参见图1）； ②用左手握住另一个人前臂或肩膀（参见图2）	非常亲密的朋友很久没见了； 表示感激； 欧洲部分国家和地区的男性常见的日常问候

（续表）

一个人亲吻另一个人的脸颊	朋友或亲戚见面或分别（西方国家居多）
一个人轻轻抚摸另一个人的身体	沉溺在情感世界中的一对夫妇或情侣
两个人脸挨着脸坐着，或额头抵着额头站着（参见下图3）	沉溺在情感世界中的一对夫妇或情侣
两个人手挽着手走路	关系密切的朋友、一对夫妇或情侣
接吻	一对夫妇或情侣
一个人抚摸另一个人的头（参见图4）	父母和孩子； 情侣
两个人走路的时候手牵手	父母和孩子； 情侣
两个人走路的时候挽着胳膊	（如果身体靠得非常近）一对夫妇或情侣； （如果两人的身体有一定距离）一个身体衰弱的人由别人搀扶着

❸

❹

（续表）

两个人将胳膊搭在彼此的肩上	一对情侣； 关系亲密的朋友； 在射门得分后，足球运动员表示欣喜、祝贺以及共同努力
两个人轻轻地亲吻彼此的脸颊	一对夫妇或情侣； 一对夫妇或情侣在见面或分别时的行为
两个人并排坐着（参见图5）	（如果两个人之间有空隙）他们可能是陌生人； （如果两个人身体有接触）他们可能是夫妇或情侣

❺

示爱

一个人如果想吸引某位异性，他（或她）会向对方发出明显的身体信号。澳大利亚人际交流专家阿兰·皮斯在《身体语言》一书中表明：能否成功获得异性的青睐主要取决于个体如何传递这些信息，以及如何诠释反馈回来的信息。研究人员之间达成的一致共识是——女性会比男性表现出更多的示爱信号。

女性的示爱信号

女性比男性发出的示爱信号更加微妙，也更难以捉摸，她们还能比男性更加敏锐地发现异性发出的示爱信号。一个女人如果隔着一定的距离看到她认为非常有魅力的男人，她可能会向对方展现出自己的背面的轮廓，以这种方式做出一些行动。阿兰·皮斯和以《观察人类》一书著称的英国动物学家和人类行为学家德斯蒙德·莫里斯博士论述了一些观察结果，并做出了相应的阐释，如下面所示。

女性的示爱信号	
女性可能这么做	**含义和意图**
肩膀微微抬起，越过肩膀看着那个男人，并且比人们在正常情况下看对方的时间要长（参见下页图1）	这是自我模仿的动作； 在这个时候，肩膀可以看作是一种性吸引。较长时间的注视，表示其对这个男人感兴趣

把头向上一扬，将头发拂到后面	表示对某个男人感兴趣； 将头发拂到后面，让脸露出来，为的是得到男性的爱慕（可能只是出于习惯性的动作）
轻拍并理顺头发	这种精心打扮自己的行为目的在于吸引某个男人
用舌头润湿自己的嘴唇	一种自我模仿； 对男性的吸引 （可能是为了让自己感到舒适，或者只是出于习惯性的动作）
展示柔软的手掌部位和手腕的内侧（参见图2）	希望某个男人善待她、爱抚她； 手腕通常被认为是一大性感区，能够吸引某个男人 （可能只是出于习惯性的动作）

❶

❷

（续表）

站立的时候将手放在腰间	吸引男性注意自己的胯部 （可能只是习惯性的站姿）
摆弄或抚弄圆柱形的小东西，比如铅笔、香烟或酒瓶瓶颈	可能是因为紧张
走路的时候扭动屁股	吸引某个男人注意她的性感区 （可能是出于习惯性的步态）
双腿分开坐着或站着	吸引某个男人注意自己的性感区 （可能是习惯性的坐姿或站姿；也有可能是变得没有耐心）
坐着的时候盘起一条腿放在另一条腿的下面，膝盖对着那个男人。这样一来，他就是能够看到她的大腿内侧；她的头和身体转向他（参见下页图3）	吸引男人注意她的性感区； 身体、头部、膝盖都对着某个男人的方向，表明她对那个男人感兴趣（可能只是习惯性的姿势；或者只是为了坐着舒服而采用这个坐姿）
当她缓缓地交叉双腿或松开双腿的时候，会轻轻地抚摸大腿	希望某个男人能够爱抚她； 吸引男人注意她的性感区 （可能只是为了自己感觉舒服；可能只是在改变坐姿）

（续表）

坐着的时候，将一条腿绕在另一条腿上（参见图4）	吸引某个男人的注意 （可能是因为紧张、害羞；或者是出于习惯性的动作；也可能是出于防御性的动作）
跷着二郎腿坐着，跷起的那只脚上半吊着鞋（参见图5）	性吸引 （可能是因为紧张；缺乏耐心；或是出于习惯性的动作）

　　备注：一些特定的身体语言可能是因为性吸引之外的其他原因而表现出来的——某种姿势或态度可能是出于习惯。编者在括号中给出了可能存在的另外解释。

男性的示爱信号

　　根据一些研究人员的调查和研究，与女性相比，男性向异性发出信号表示自己对对方感兴趣往往表现得比较笨拙，而且理解别人没有说出来的话的反应也较为迟钝。一个男人看到一位有吸引力的女人时，他可能会做出精心打扮自己的一些举动，以及下面列举的一些方法，其中一些类似于女性经常使用的姿势、手势和动作。当然，一些姿势可能是佯装出来的，还有一些则是长期形成的习惯，也许出于紧张而产生的，而不是源于性吸引。编者在括号里列出了可能存在的另外解释。

　　精心打扮自己的姿势

　　经研究认为，这些姿势构成了男性示爱信号的主体部分。

　　◇用一只手理顺头发（参见图1）。（也有可能是出于紧张或习惯性的动作。）

　　◇扶正领带（参见图2）。（有可能是出于紧张或习惯性的动作；也有可能是领带确实需要整理。）

　　◇掸掉肩膀上的灰尘。（有可能是出于紧张；也有可能是缺乏耐心。）

　　◇做出琐碎的打扮或修饰的姿势，其中包括整理衣领、衬衫袖子等。（有可能是出于紧张；也有可能是缺乏耐心。）

其他的动作

这些动作包括延长目光注视的时间，以及吸引女性注意自己胯部的动作。

◇ 长时间地注视某个女人。

◇ 怀着兴奋的情绪，瞳孔在不知不觉中放大。

◇ 如果是坐着的，他的身体会转向某个女人，一只脚对着她。

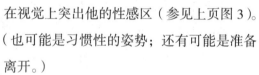

◇ 站着或坐着的时候，双腿分开，在视觉上突出他的性感区（参见上页图3）。（也可能是习惯性的姿势；还有可能是准备离开。）

◇ 如果是站着的，男人可能面对着女人，双手放在自己的臀部上，或者两个拇指卡在腰带上（参见图4）。（可能只是习惯性的站姿；也有可能是吸引女人注意自己胯部的动作。）

第五章 见面和告别

普遍的问候方式

有一些特定的问候方式全世界的人们都在采用。这些问候方式包括在下文中提到的 3 种"识别信号"——扬起胳膊打招呼、挥手和握手。

识别信号

不管什么时候，当两个彼此认识的人看到对方走近的时候，他们可能会同时做出一组含有 3 种动作的姿势，表示他们认出了对方：

● 他们会微笑（参见图 1 中的 a 部分）。

● 他们会将头后仰。

● 然后他们睁大眼睛（参见图 1 中的 b 部分），前额微皱，眉毛迅速向上飞扬，被称为挑眉（参见图1中的 c 部分）。

与微笑一样，"挑眉"被称为一种与生俱来的反应（这也成了一种普遍的反应），但是，这种姿势在日本似乎没有组成问候仪式的组成部分。

识别信号意味着什么

微笑表示很快乐，头向后仰和眉毛上挑，则表示非常惊讶。两者合在一起，就是在说"见到你真是又惊又喜呀"。

打招呼和挥手

发送识别信号除了涉及头部之外，两个人带着友好意图接近彼此，当他们之间还隔着一段距离的时候，他们可能会扬起一只胳膊向对方致意。打招呼或挥手，以这种或那种形式出现在世界各地。

打招呼

打招呼，只是简单地扬起一只胳膊（参见图2），表示你已经看到了另一个人。人类学者认为，这种姿势表现出了打招呼者善意的愿望——想要触摸尚且不能伸手触及的那个人。

挥手

表示见面问候的挥手与表示再见的挥手通常几乎是一样的。

握手

当两个人达到了可以相互触及的距离时，就会出现某种形式的身体接触行为。在西方国家，在非常正式的场合中见面的人往往会握手。作为一种公开的姿势，握手表明自己手中空无一物，没有携带任何武器。握手的起源较早。一些人认为握手可以追溯到罗马时期，人们在见面时有紧紧握住对方前臂的习俗。但是，我们今天通行的握手可能仅仅始于两个世纪以前。

最原始的握手方式

当两个人握手的时候，通常都会伸出右手，拇指在最上面，两只手互相握着，掌心对掌心，上下来回用力地摇握（参见图3）。但在世界上某些地区，握手的方式有所不同，如下所示。

● 来自欧洲北部的人，倾向于握着手上下用力地摇，但是，仅限一次。

● 来自欧洲南部和拉丁美洲的人，也倾向于握着手上下用力地摇，不过时间较长，而且显得更加精力充沛。

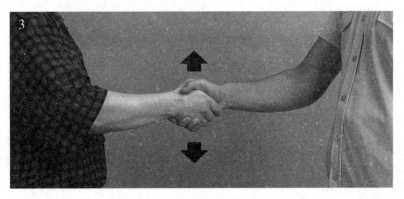

地方化的握手方式

地方化的握手方式，包括与美国和拉丁美洲相反的一些方式，在世界各地的朋友之间，也充满了许多特别的、个性化的握手方式。

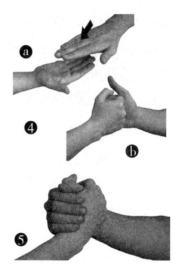

● 在北美，朋友之间可能会拍打彼此的手掌来问候对方（参见图4中的a部分），然后手指凹成杯状，两只手相互勾起来（参见图4中的b部分）。这种问候方式很快流传到世界各地。

● 在墨西哥农村，朋友之间可能在握手之后紧紧握住对方的拇指（参见图5）。

● 在世界的许多地方，朋友之间很长时间没有见面之后，如果再次相见，可能会用其他额外的姿势和动作作为对握手的补充。

握手，显露性格的蛛丝马迹

一个人握手的力度在不同的地方有不同的含义。在西方国家，一个人如果握手非常有力，通常会被认为是一个真诚的人。然而，在亚洲的许多地区，这种方式表示这个人具有好斗的性格。

谁主动握谁的手

在大多数西方国家，第一次见面的两个人都可能会主动伸出右手让对方握，但是，这并不是全球性的。

● 在东亚和北美部分地区，妇女和孩子很少握手。

有独特文化底蕴的问候

一些问候方式是某种特定文化或地理区域所特有的。合十礼就是这样的一个例子。

合十礼

在印度，合十礼是一种问候方式。双手在胸前上举，手掌紧贴合十，就像在祷告一样。同时，微微欠身鞠躬（参见图1）。

鞠躬

鞠躬，曾经一度在西方广为流行。如今，鞠躬主要是作为一种专业的地位身份的显示而继续存在。比如，当一个欧洲臣民向他至高无上的君主表示敬意的时候，就会行鞠躬礼。在同样的背景下，也可能行屈膝礼。然而，在日本，当两个人见面的时候，鞠躬仍然是传统的问候形式。放之四海而皆准的法则就是：地位较低的人先鞠躬，而且鞠躬的时候身体下弯得更低，持续时间更长。目前，有两种类型的鞠躬为人们广泛使用。

正式的鞠躬

身体向前弯曲大约30°，双手手掌放在膝盖上（参见图2）。这个动作是上下快速摆动的动作。

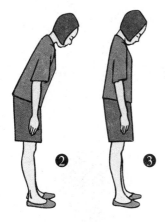

非正式的鞠躬

双手放在身体两侧，身体前倾大约 15°（参见图 3）。不管是社会地位较高的人，还是社会地位较低的人，当他们在非正式场合见面的时候，通常都会像这样行鞠躬礼。

东方人会见西方人

一位日本人会见来自西方的某个人，他很有可能会握手，而不是行鞠躬礼。在中国，握手的时候微微点一下头几乎是握手的一个规则。

亲密接触的问候

两个人见面的时候会鞠躬、握手、行额手礼或行合十礼，而人类学者将这些姿势和动作划在"身体亲密接触"的范围之外，因为还有一些更为亲密的身体接触。

亲吻和碰鼻子

有一些更为亲密的姿势，其中包括亲吻（许多亚洲人不习惯使用这种方式）或者一些其他形式的头部接触，这些姿势也包括一些非常正式的问候礼。

亲吻

参加到这种类型的问候之中来的参与者，以及表现这种问候的方式，根据文化的不同而有所不同，如下所示。

◇ 一个即将接近或离开亲密的朋友或家人的人，可能会给对

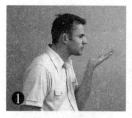

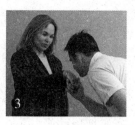

方一个飞吻（参见图1）。

◇ 在见面和分别的时候，家人和朋友可能亲吻彼此的脸颊（参见图2）。在法国和俄罗斯，男性朋友会亲吻男性朋友。

◇ 在一种问候礼中，男人可能向女人鞠躬，并吻女人的手，这会让人联想到男性的谦逊礼让（参见图3）。这种问候方式在拉丁美洲很常见。

擦鼻子

在北极地区的爱斯基摩人和芬兰的萨米人，以及在非洲、亚洲和太平洋的部分地区，鼻尖飞快而短暂地碰在一起并相互摩擦表示问候。

拥抱

上面介绍的问候礼都可以被认为是拥抱的弱化形式。拥抱这种姿势涉及两个人的头部、躯干、手、胳膊之间的近距离接触。除了在情绪高涨的时刻之外，在北美和欧洲北部很难经常看到

紧密的拥抱，只有在以下的情景中才可能看到：

● 在拉丁美洲，男性朋友之间可能张开双臂，走近并拥抱对方，在对方的背上轻轻地拍一拍（参见上页图4）。

● 在俄罗斯，男性朋友通常会在有力的握手之后来一个"熊抱"（粗鲁、紧密的拥抱）（参见图5）。

❺

● 波利尼西亚的男性，在第一次见面的时候可能会以拥抱致意。在拥抱之后，两个人可能会抚摩对方的背部。

在拥抱过程中进行其他的动作

紧密的拥抱，通常包括一些特定的动作，它们取决于两个人之间的关系，以及当时情形下的情绪。这些动作包括：

● 紧紧抱住或握住对方。

● 轻轻拍对方。

● 脸颊贴着脸颊。

● 亲吻。

● 轻轻抚摸头发。

● 将手放在彼此的背上。

● 凝视着彼此的眼睛。

● 微笑或大笑。

● 流泪。

告别

与问候一样，告别也可能涉及亲吻和拥抱。刚分开的两个人如果已有一段距离，他们可能给对方一个飞吻，并挥手致意。

挥手

在不同的文化背景中，挥手说再见有不同的表现形式。下面是几个例子：

侧旁挥手

手臂上举，掌心向前，手左右摇摆，手臂保持不动（参见图1）。如果一个人在远处向某个人挥手，整个手臂可能都会左右摇摆，或者甚至两只手臂同时挥动。侧旁挥手的表现形式在全世界范围内都会发生。

"打旗式"挥手

北美洲的人倾向于保持手腕不动，前臂和手做"打旗"动作（参见图2）。但是，在欧洲部分地区，这个动作意味着"不"。

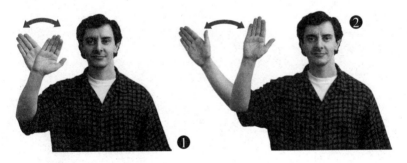

轻轻拍打，掌心朝下

伸展手臂，手掌心朝外。手上下来回轻轻拍打，就像在拍打对之挥手的那个人一样（参见图 3）。在一些国家，以这种动作挥手非常流行，法国尤其显著。

掌心向上挥手

抬起手臂，另一个人看不见挥手者的手掌心。同样地，手掌上下来回挥动（参见图 4）。

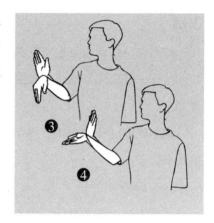

第六章 积极肯定

同意

即便不用说"是",人们也可以有意识地做出一些姿势同样可以表达"同意"的意思。表示"是"的姿势涉及头或手。

点头

我们大多数人都会点头表示同意。但是,在谈话中,点头意味着什么取决于点头的方式。

● 简短地点一次头往往意味着"我同意"。

● 当某个人在讲话的时候,时不时地点头往往表明倾听者在耐心地倾听。

● 点头时间延长,可能意味着"是的,是这样,但是……"换句话说,就是"我不同意"。

● 连续点两次头,似乎能产生一种效果——让说话者改变节奏,或回到已经达成一致的主题上来。

● 连续点3次头,可能会让说话的人感到困惑不解,他可能会讲不出话来。

笑

和时不时地点头一样，对某个正在说话的人微笑，就会鼓励这个人继续讲下去。

通常，笑是一个表示积极肯定的姿势，可以传达出欢迎、快乐、同意、欣赏的意思，尽管笑也可能表达同情、后悔、遗憾，甚至不高兴。具体传达什么信息主要取决于笑的方式。许多研究和调查已经确认出 9 种笑，这里讲述了其中的 3 种。

浅笑

嘴唇紧闭，嘴角上扬。这是一个人可能对自己微笑的方式（参见下页图 1）。

露齿笑

嘴角上扬并张开嘴唇，露出上面的牙齿。这是人们通常对他人微笑的方式（参见下页图 2）。

大笑

嘴角上扬并张开嘴唇，露出上面牙齿的同时也露出下面的牙齿。这种笑可能伴随着玩耍嬉戏的笑声（参见图 3）。

彼此模仿

　　两个正在谈话的人可能会在不知不觉中模仿彼此的姿势，这说明他们对正在讨论的事情达成了一致。下面介绍的是人们可能会模仿的一些动作。

● 将身体重心从一只脚转移到另一只脚上。

● 将胳膊肘放在吧台上。

● 用两只手握住杯子（参见图 4 中的 a 部分）。

● 将大部分身体重量转移到一只脚上。

● 松开交叉的胳膊。

● 交叉双腿（参见图 4 中的 b 部分）。

● 松开交叉的双腿。

● 都将手摊开（参见图 5 中的 a 部分）。

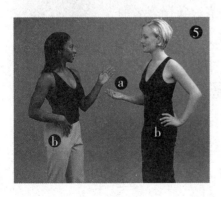

● 将一只手放在胯部（参见图 5 中的 b 部分）。

　　有意地模仿另一个人的姿势、手势和动作能够帮助他们更加友善地达成共识。根据一些研究人员的调查研究，经验丰富的销售人员会充分利用这一点，同时他们会小心不让自己的模仿被察觉。每一次当潜在客户移动的时候，他们并不跟着移动，而且当那个人做出"开放式"姿势的时候，他们可能会以不同的方式表示相同的信息。例如，如果一位坐着的人松开交叉的双腿，经验丰富的模仿者不会做出相同的举动，而是可能用双手做出开放式的姿势——伸出两只手，掌心向上。

树立信心

人们会下意识地运用几个手势和动作表示"一切都很好"或"一切将会很好"。

竖起拇指

在整个北美和欧洲，抬起握紧的拳头，拇指向上竖立（参见图1），表示"每一件事都很好"。大多数人认为，竖起拇指的手势可以追溯到罗马竞技场时代，据称在那个时候，人群可能用这个手势表示倒下去的角斗士应该被饶一命。《观察人类》一书的作者，英国著名的人类学家德斯蒙德·莫里斯认为，这种看法是由于错误地理解了晦涩难懂、容易引起歧义的拉丁文本造成的。事实上，"饶他一命"的手势是将拇指团缩在拳头里面。

竖起拇指的其他含义

竖起拇指这一手势也可能意味着：

◇ 在非洲部分地区，澳大利亚、欧洲南部和中东部部分地区，竖起拇指意味着性侮辱。

◇在德国，竖起拇指意味着数字1。例如，一位德国人可能
会在餐厅里竖起拇指，以此表示点一瓶啤酒。

OK 手势

这一手势最初起源于北美，
后来在欧洲也发现了 OK 的手势。
要做出这个手势，首先抬起前臂，
拇指和食指指尖相接在一起，形
成一个圆圈，其余 3 根手指伸展
开，保持些许的间隔，把这只手
放在适当的位置（参见图 2）。通

常，在扬起手的同时，要将手向前猛推，这样，做手势的人看
起来就像在投掷标枪一样。

OK 手势的其他含义

◇在比利时和法国，使用这一手势的人认为某件东西或某件
事情毫无价值（代表 0）。

◇在西西里岛和意大利南部，"毫无价值"的圆圈手势还配
合着空手道里的"手刀"动作，也就是劈掌的动作，意味着"你
是如此卑劣，我要杀了你"。

◇在日本，这一动作意味着钱或"我想换一些硬币"。

代表胜利的"V"手势

手掌向外，食指和中指呈 V 字形，其余的手指团在掌心里

（参见图 3）。在第二次世界大战中，英国首相温斯顿·丘吉尔使得这种 V 字形的手势风靡一时。在英国，任何人如果想要表达"我们一定会取得胜利"或"和平"都会确保让自己以这种方式做出这个动作。切记：不是掌心向内（这是侮辱性手势）。

欣赏

欣赏女性的魅力

有许多姿势可以表达对女性魅力的欣赏。这些动作通常都是由一个男人向另外一个男人做出的。但是，其中的一些手势和动作在不同的地方有不同的意义。

表现出沙漏的轮廓

手掌相对，做出描绘沙漏形状的姿势，这是一种被广泛应用的方式，象征着一个女人的体形，表明这个女人拥有凹凸有致、秀美动人的身材（参见图 1）。

亲吻指尖

这是法国式手势，用于赞美一个女人的魅力，或一道格外精致的美味佳肴（参见图 2）。

抚摸脸颊

这是希腊式的动作，是用拇指和食指同时轻轻地抚摸两边脸颊，这一手势表明一个女人有着漂亮的脸蛋（参见图3）。

抚摸脸颊的其他含义

◇表明这个人正在思考问题，这在北美、亚洲和西方部分国家和地区比较盛行。

◇在德国、意大利、荷兰和欧洲的其他一些地方，这一手势表明某个人看起来像是生病了（他们的脸颊因为生病而凹陷下去）。

食指按压脸颊并转动

这种动作在意大利很流行，意思是赞扬女性的美丽（参见下页图4）。

将下眼睑往下拉

这个动作由食指完成。在南美洲的部分地区，这个动作意味着"她是一个明眸善睐的美人"（参见图5）。

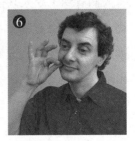

捻弄想象中的胡须

这是意大利式的一种手势，表现出对一个女人的爱慕之情（参见上页图6）。

无意识地表现出感兴趣

前面所描述的手势大部分都是有意而为之的。然而，人们表现出的下列动作和姿势则可能是在不知不觉中表示出了"我很感兴趣"的意思。

泄露实情的眼睛

眼睛和眼睑会说话。当人们对某个人、某件物品或某件事情具有浓厚兴趣的时候，眼睛会泄露出一切——而它们的主人却可能想隐藏他们所关切的事。

瞳孔扩张

在正常的光线和环境下，人们仅仅表现出适度兴趣的时候，瞳孔的大小适中（参见图1中的a部分）。

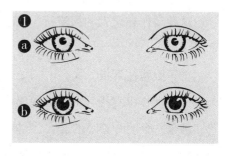

在微弱的光线下，或者人们看到了令人兴奋的事物，瞳孔就会扩大（参见图1中的b部分）。当一个人看到极富吸引力的异性时，或者玩扑克的人拿到一手好牌的时候，都可能出现这种情况。

眨眼的频率

当人们看到非常有吸引力的事物时，他们眨眼的频率就会加快。

头部姿势

如果一个人对他人所说的内容感兴趣，他的头部姿势也能显示出他的真实想法。

表现出兴致索然

当一个人既不感到厌烦也不感到兴奋的时候，她的头可能会不偏不倚（参见图2）。

表现出感兴趣

当一个人对他人所说的内容感兴趣的时候，她的头会向一边微微倾斜（参见图3）。她也有可能点头表示赞同。

手和头部结合的姿势

手和头部结合的姿势可以表示评估。

感兴趣地进行评估

当一个人对他人所说的内容感兴趣，并权衡她听到的内容时，这个人可能会将手举到脸颊边，食指和拇指向上，其余手指团缩在手掌中（参见图4）。

做决定的姿势

如果某个人要求另一个人做出决定，被要求者的手可能会开始抚摸下巴，并上下滑动（参见图 5）。

伸出舌头

当某个人集中精力画图、写生，或进行其他一些精细工作的时候，他可能会伸出舌头，或者将舌头伸出来抵在嘴巴的一侧（参见图 6）。有时候，甚至他本人都没有意识到自己在这么做。这一动作让一些研究人员重新提到婴儿时期拒绝食物的迹象。在这种背景下，一个人伸出舌头可能意味着他对其他人的适度拒绝，因为他并不希望受到别人的打断，以至于不能专心从事自己手头的工作。

身体和腿部姿势

当人们站或坐在公众中的时候，往往会将身体或脚对着最能引起他们强烈兴趣的那个人。如果他们是坐着的，他们的双膝或其中的一个膝盖会对着那个人。

第七章　消极否定

表示"不"的姿势

人们有许多表示"不"的姿势，比我们想象的要多得多。

摇头

将头从一边转向另一边（参见图1）。这种说"不"的方式起源于婴幼儿时期，如果婴儿不想再继续吃奶，他就会将头转向一边，离开妈妈的乳房——这个姿势在全世界范围内都存在。然而，在埃塞俄比亚，这一姿势只是将头突然转向一边，然后再次面向前方。

晃动脑袋

这个动作有些令人困惑，看起来像是摇头。但是，保加利亚人、印第安人等都用这个姿势来表示"是"。

头猛然向后仰

头猛然向后仰（参见图2）。在意大利南部、希腊等国家和地区，人们用这种方式表示"不"。然而，在埃塞俄比亚，同样是这一姿势，却表示"是"。

轻抚下巴

头部向后倾，一只手的指背来回地轻抚下巴（参见图3）。这种说"不"的方式在意大利南部以及邻近的岛屿上非常普遍。

摇手

一只手上举，手掌朝外，从一边迅速地向另一边摇动（参见图4）。在做这个手势的同时，人的脸上没有微笑，还可能会随之摇头。有的时候，人们在喧闹的房间里向对方做这个动作，是表示"我不要了，谢谢"的含义。在这一姿势的"夸张"版本中，双手交叉，掌心朝外，置于胸前。

挥手

日本人表示"不"的时候会举起右手，将手向侧面转，放在脸部

前方，同时，从一边向另一边挥
动前臂和手（参见图5）。

不要那么做

摇食指

　　伸出一只手，掌心朝外，拇
指和其余3根手指蜷缩，竖起食
指，从一边向另一边摇动（参见图1）。摇食指这种手势，在世
界范围内为人们所普遍使用，用来表示否定的意思。它意味着
"不要那么做"，父母通常用这种手势训斥和告诫孩子。

坏消息

　　要传达某种形式的消极信息至少有3种广为流传的大众化
姿势。

拇指朝下

　　伸出手臂，拇指指向下方，其余的手指都蜷缩在手掌内（参
见图1）。拇指可以保持静止不动，也可以反复向下指戳。拇指朝

下的姿势意味着"坏消息"或"不好"。这一姿势起源于古罗马竞技场。当观众希望胜利者将刚刚打败的角斗士杀死的时候，他们会将拇指朝下——将利剑刺入失败者的身体。

捏住鼻子

这是一个普遍存在和广泛使用的动作。在这个姿势中，拇指和食指捏住鼻孔（参见图2），好像在努力将难闻的气味关在外面，不让自己闻到一样。人们做出这个动作，旨在表现出某件东西或某个想法实在是非常糟糕、坏透了，就好像其会发出恶臭一样。

下拉绳索

在英国，在表现出捏住鼻子这一动作的同时，还要用一只手拉下想象中的一根绳子，就好像在冲洗老式的马桶一样（参见图3）。

皱鼻子

皱鼻子的动作就好像当事人设法将令人作呕的气味关在外面，不让自己闻到一样。这一动作是另外一个广为流传的方式，表明对某件东西或某个人的评价很低，或持否定态度。

耸肩

我们往往会用耸肩这一动作表示"我不知道""我不明白""我没有办法"或"这不关我的事"等意思。当某个人感受到自己处于某种威胁之下的时候，尽管他并没有表现出任何反抗意见，但是会缩成一团，完整的耸肩动作呈现出的就是这时候的样子。耸肩有好几个表现形式，下面的内容将描述其中的一些形式。

将双肩缩在一起

这个猛然紧缩的动作非常常见，在缩紧双肩的同时，还会扬起眉毛，两边嘴角下拉，与此同时摊开双手，掌心向上。脑袋有可能会倾向某一侧（参见图1）。

两边嘴角下拉

这个姿势是耸肩的简化版本，在法国比较常见（参见图2）。

摊开两只手

掌心向上，手指微微弯曲，这种动作非常普遍。而在这个过程中展现出的面部表情与图1和图2中呈现的表情极其相似（参见上页图3）。

举起一只张开的手

举起的这只手掌心向外，与肩膀的高度齐平，两个肩膀微耸。面部表情与上述图中显示的表情极其相似（参见图4）。

没有兴趣

瞳孔缩小

这是在不知不觉中表现出来的一个信号。如果一个人的瞳孔缩小，可能是因为他对自己目前所处的环境或相关的人不感兴趣。

漠不关心

一个看起来全身放松的姿势会泄露出一个人的漠不关心。例如，一个人对某个人或当时的情形漠不关心的时候，可能会悠闲地坐着，瞳孔缩小表现出一副若无其事的样子，一只腿悬在椅子的扶手上晃来荡去（参见图1）。（他的这个姿势也可能是表示其占据支配地位的优越感或充满敌意。）

不注意

当两个人谈话时，其中一个人不注意另一个人在说什么的时候，就会发生下面这些姿势和动作：

瞥向一边

不注意听别人说话的那个人，看着说话的人的时间可能比看向其他方向的时间少（参见图中的 a 部分）。

转动头部

不注意别人说话的那个人可能将脑袋从说话人处不断地转向别的地方。

不对称的微笑

不注意别人说话的那个人可能会对说话人的言辞和评论做出一边嘴角上扬的反应，露出不对称的"坏笑"（参见图中的 b 部分）。

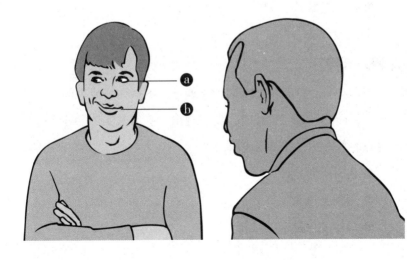

拒绝、反对

在会议或聚会上，如果某个人被其想极力回避的人强拖住谈话而感到厌烦的话，他很有可能会给出更加明显的拒绝信号，并非仅仅表现出没兴趣。而如果他做出下列动作和姿势，另一个人可能会意识到自己遭到了拒绝和反对：

● 侧身，将头扭向一边。

● 面无表情。

● 目不转睛地凝视着中间距离的某个点，这样一来，另一个人就无法和他视线相对，也就难以将谈话继续下去。

● 假装打哈欠或真正打哈欠。

● 板着脸、撅着嘴，或者嗤之以鼻。

● 坐立不安，拨弄手指，或剔指甲，或剔牙，或者将指关节弄得咔咔作响。

● 厌烦地摇头，或公开地表示不同意。

● 转身离去。

无聊、厌倦

人们在坐着的时候如果因为枯燥乏味的谈话，或沉闷无趣的电视节目而感到百无聊赖时，会呈现出一些泄露实情的姿势将他们内心的真实感受和情绪表露出来。

● 头时不时地转向一侧。

● 用手支撑头。

● 身体变得越来越弯曲。

腿绷得越来越直。

失去兴趣

下面的动作表明了人们如何流露出他们的兴趣在不断地减少。

● 头完全由一只手来支撑着。

● 身体向后倾斜。

● 双腿充分伸展。

● 如果想努力让自己看起来不那么百无聊赖，身体可能会向前倾。

如果极度无聊，这个人可能会闭上双眼，或者垂着头。

无聊厌倦的迹象

除了刚刚提到的动作和姿势，人们还会以下面列举的一些方式来表示无聊和厌倦。

拇指循环打圈

这种表示无聊厌倦的动作非常普遍，而且是在不知不觉中进行的。两只手连扣在一起，两根拇指相互绕着循环打圈（参见图1）。

测量想象中的胡须

这个动作暗示说话的人一直在那里喋喋不休，时间长得足以长出长长的胡须。在意大利、德国和荷兰，百无聊赖的男人们往往会做出这个动作（参见下页图2）。

  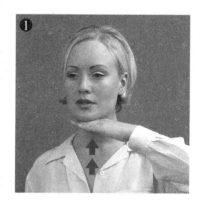

抚摸脸颊

手指的指背来回地抚摸脸颊，就好像在感受脸上的胡茬一样。这一动作在法国很普遍（参见图3）。

一只手轻叩胸部

一只手手指朝下，拇指对着身体。感觉无聊和厌倦的意大利人有时候会做这个动作，表明某个人的谈话会让他们消化不良（参见图4）。

感觉受够了

有几个姿势表示"现在我已经受够了"。

轻拍下巴的下方

用一只手的手背做这个动作，这种方式表明一个人所忍受的已经远远超出了其可以承受的范围。这种姿势在美国和西欧的一些国家和地区比较常见（参见图1）。

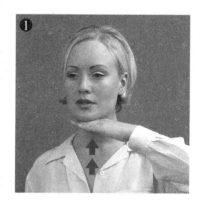

反复轻拍头顶

这个动作由手掌来完成，在

南美洲，这个动作是表达"我受够了"最强烈的方式（参见上页图2）。

一只手在喉咙处"拉锯"

伸出一只手，手掌向下，在喉咙处来回移动，这是奥地利人常用的姿势，表明"我已经无法忍受了"（参见图3）。

不耐烦

失去耐心往往通过坐立不安的动作或抚弄动作表现出来，其中涉及手指、大腿或脚。几乎在全世界范围内都可以看到这些动作和姿势。

手指敲击

一个人在坐着的时候，可能会用手指快速而连续地敲击（桌子或）椅子的扶手，表示她的不耐烦（参见图1中的a部分）。

晃脚

如果一个人跷着二郎腿坐着，这个人可能会晃悬起来的那只脚（参见上页图1中的 b 部分）。

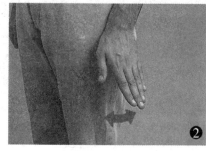

轻拍大腿

当一个人站立的时候可能会张开手反复地轻拍大腿的外侧（参见图2）。

讥笑

讥笑是嘲弄性的方式之一。

扭曲的微笑

一边的嘴角被强有力地拉伸，以至于脸颊缩拢产生褶皱（参见图1）。这样一种不对称的微笑透露出一个人假装表示友好的赞同，事实上，当时他产生了敌意或在蔑视对方。在西方国家，人们会像这样表达自己的轻蔑。

拇指指甲对拍

两个拇指的指甲相互轻轻碰撞（参见下页图2），就好像拍手的微型缩影一样。在拉丁美洲、西班牙和荷兰，这是鼓掌喝彩嘲弄性的一种形式。当预期的事情在现实中正常发生时，人们往往会用这种姿势。

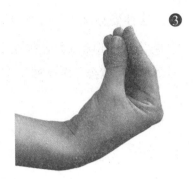

缩拢的手

　　将缩拢的手降低，且仅降低一次（参见图3），是马耳他人说"很好"的讽刺性方式，而这个人真正的意思是"你这个白痴、笨蛋"。

不相信

　　在世界的不同地区，人们用各自的方式表明他们不相信某个人告诉他们的事情。

抚摸喉咙

　　在南美洲，表示不相信的姿势是用食指上下反复抚摸喉咙（参见图1）。这个动作表明，来自于那个朋友喉咙的言辞都是废话，简直是在胡扯。

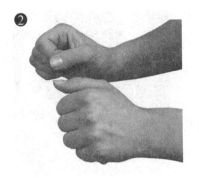

用食指指着另一只手掌

　　将一只手展开，手掌向上，另一只手的食指指向掌心（参见图

2）。这种姿势犹太人经常使用，意味着"如果你说的事情真的发生了，那么我的手就会长出草来"。

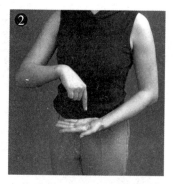

提起一只裤腿

一个男人从大腿处抓住一只裤腿，然后小心翼翼地往上提，就表明很糟糕（参见图3）。美国男人可能会表现出这个动作，将之作为一种开玩笑的方式，表明别人刚刚告诉他的事情就很糟糕。

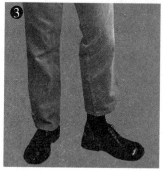

共享负面信息

当两个朋友想要分享关于某个人的负面信息或负面意见的时候，他们往往会使用一些姿势和动作，不让其他人知道他们在说什么。人们用不同的动作来暗示与另一个人串通、怀疑或蔑视另一个人，以及做出有损人格或侮辱的评论，下面阐述了几个例子。其中一些姿势不止有一种含义，这取决于在什么情况下使用。

串通共谋的暗示

眨一只眼睛示意，是许多欧洲人、北美人、部分亚洲人常用的方式，用于表现他们都知道一个秘密（或者小把戏）（参见下页图1）。

　　用食指轻轻按鼻子的一侧（参见图2），意味着"保持安静，不要声张——这事只有我们两个人知道"。这个动作在英国和意大利应用非常普遍。与眨眼示意一样，这个动作并不一定就意味着两个人共享的秘密就是大非大恶的，也可能是搞笑的小伎俩。

　　按鼻子的一侧的其他含义

　　用食指敲击鼻子的一侧还可以被用来表示：

　　◇ 在意大利、法国、西班牙和荷兰，这个动作是提醒另一个人某个人好管闲事，爱追问个不停。

　　◇ 在英国、奥地利和比利时，这个动作意味着"管好你自己的事就行了，不要管闲事"。

　　◇ 在比利时北部，这个动作意味着"我看穿你了"或者"我知道发生了什么事"。在欧洲的其他地方，这个动作则很少见。

　　◇ 在西西里岛和意大利南部，这个动作是在表扬其他人的敏捷

或精明。

怀疑

　　将下眼睑往下拉，让眼睛看起来大一些（参见上页图3），这一动作是意大利人或西班牙人常用的，用来表示"小心，你要提防着点儿"。然而，这个动作在南美洲具有积极肯定的含义。

　　用一只手拍打另一只手臂的肘部（参见图4），在荷兰，这个动作用于表达"不要相信或指望他"。

轻蔑的评论

　　转动眼珠，露出大部分眼白，并扬起眉毛（参见图5）。这个动作意味着"你会相信这件事吗"，或者，当一个健忘的人又开始重复一个经常讲述的趣闻轶事的时候，这个动作表示"哦，瞧吧，他又开始了……"

　　用手指轻轻叩击太阳穴（参见图6），具体的位置各个国家有所不同，这个姿势意味着"他简直是疯了"。

第八章　冲突与敌意

隐藏式表示不赞成

　　某个人如果反对他人的观点，但是又不方便说出来，作为替代，他可能用沉默，或看起来与手头事情毫无干系且没有意义的动作泄露出这种消极否定的情绪和感受。

姿势

封闭式姿势

　　某个人不同意讲话者的观点，如果这个人是坐着的，她很有可能呈现出所谓的"封闭式姿势"——双臂交叉，跷着二郎腿，身体保持直挺（参见图 1）。

低头

　　一个爱挑剔或不满的倾听者很有可能低着头，这个看起来像是无意间做出来的动作，却表明倾听者不喜欢或不同意说话者所说的内容（参见图2）。

手势和动作

揉眼睛

当一个人百无聊赖地坐着时，他可能会频繁地揉眼睛，或者揪拉眼皮。可以说，这些不满的姿势给予大脑反馈，强化并延长了爱挑剔和不满的情绪状态。

摘线头

当倾听者不赞成或不同意的时候，他可能会在衣服上轻轻地撕拉，就好像要消除微小的线头一样（参见

图3）。摘线头的人可能会盯着地板看，而不是注视着说话的人。这些细微的动作，揭示出他怀有许多没有说出来的反对意见和理由。

开放式表示不赞成

某个人如果厌恶他人的想法和态度，并且认为自己没有必要掩饰这种情绪和感受的时候，他可能会以很明显的动作表现出来。

眼睛的动作和姿势

翻白眼

某个人如果对另一个人翻白眼，嘴角会向下，额头产生皱纹，眉毛向下，他可能正在思考对那个人感到不满的某些事情。比如，那个人支持的事情，或那个人所说的内容。

嗤之以鼻

某个人如果不相信或不喜欢另一个人所说的内容，他可能会表现出这个动作和姿势——抽动肌肉，鼻子会斜向一边，就好像要让鼻子远离令人讨厌的气味一样（参见图1）。

食指互指

伸出两只手的食指，指尖相互对指，接着向彼此移动，然后再分开（参见图2）。在西班牙和拉丁美洲，这个动作表示不同意。

侮辱性的姿势

侮辱性的姿势主要涉及头和手。这里给出了几种姿势和动作。

用头部表现的侮辱性姿势

轻叩头部

一个人用他的食指反复轻叩头部（参见下页图1）。尽管这个人轻叩的是他自己的额头或太阳穴，但是这表明他认为别人的大脑出了什么毛病。

用两只手轻叩头部

在这个动作中，两只手同时轻叩头部（参见图2）。这个动作表示另外一个人做出的蠢事或蠢主意给了他强烈的刺激，激怒了他。

在太阳穴处打圈

用食指指着太阳穴，并进行小范围的打圈（参见图3）。这个动作表明自己的大脑处于紊乱无序的状态，或者表明某个人就像一只被用坏的钟，需要上发条。

伸出舌头

一个人只是面对着他想要羞辱的那个人伸出舌头（参见图4）。与摇头表示"不"一样，这个动作起源于婴幼儿时期拒绝食物的动作。这个动作在孩童中非常普遍，受到了广泛的运用，而且在一些成年人中也可以看到。

用手臂表现的侮辱性姿势

击打肘部

右手上举，掌心向前。左手握拳

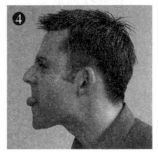

 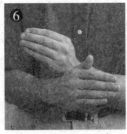 

放在右臂的肘下，与此同时，右臂向下砸左手的手背（参见图5）。在荷兰，这个姿势意味着"迷失了方向"。

击打手腕

当左手与右手腕做出劈砍动作的时候，右手向上轻弹（参见图6）。这是一个表示"滚开"的姿势，主要被使用于希腊等国家。这个动作可能源于一种惩罚性的动作——在将小偷驱逐出部落之前先砍断他的手。

用手表现的侮辱性姿势

用手推

五指伸展，掌心向前，好像要把什么东西推开一样，一般推向他人的脸部（参见图7）。在希腊，这是一种古老的表示侮辱的方式，意思是说"去死吧""见鬼去吧""下地狱吧"。

V字形手势

掌心向内的 V 字形手势（参见图 8）在英国有"走开"的意思。大多数人认为这个姿势具有性侮辱的含义。一般认为这个手势始于中世纪时期的英国，当时英国人一般用弓箭作战，法国人威吓说抓住英国的士兵一律砍掉他们使用弓箭最得力的两根手指。后来，英国战胜，弓箭手们傲然地伸出这两根手指，以对法军表示蔑视。

表示敌意的姿势

有的时候，厌恶情绪变得越来越强烈，足以演变成公开的冲突。一般事先会有一些警示性的迹象，表明可能会出现打斗。这主要表现在男性之间，下面给出了这方面的例子。

判断彼此的性格

如果两个陌生男人感觉对他们自己缺乏信心，则可能会设法表明他们的男子气概。他们站立着，手叉腰，或者将手指卡在腰带处，这个姿势是为了吸引别人注意自己的身体（参见图1）。一些研究人员认为，这个姿势意味着"我比你拥有压倒性的优势，因为我很强壮"。如果两个男人仅仅是在友好的谈话中判断彼此的性格，那么他们可能半侧着身体，半面对着彼此。

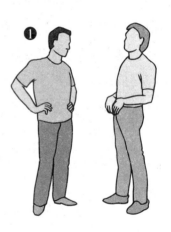

准备打斗

如果他们面对面地站着，两脚分开，手叉腰，或者将手指卡在腰带处，表明他们可能非常讨厌对方，并且可能准备开始一场打斗。

突然停止打斗

敌对双方可能做出进攻性的姿势，而不是真正袭击对方。其中一方可能会针对另一方或某个人或某件东西，呈现出这些威胁性的姿势和动作。

晃动拳头

这个动作是在对手面前用拳猛击空气（参见图1）。

抬起手臂

这个动作就是抬起一只手臂，好像要袭击对手一样，但是却突然停止（参见图2）。

其他的动作还包括一个人猛击自己的拳头，或者猛击桌子。

第九章

支配与防御

支配他人

　　一个人如果想支配别人，当他问候、陪同或护送那个人的时候，他可能会在不知不觉中使用一些特定的姿势，或者明显地突出这些姿势。这种类型的支配往往是善意的。入侵私人空间是一种更加公然、不友善的支配形式，可能会被人蓄意地用于胁迫他人。

支配性握手

　　当一个人伸出手和他人握手的时候，如果掌心向下，从总体上来说，这个姿势会逼迫另一个人手掌向上翻转，处于服从和柔顺的姿态与之握手（参见图1）。这是支配性的握手方式。当商界人士希望能够控制一场互动活动的时候，他们可能会用这种方式握手。

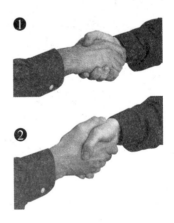

折骨式握手

　　两个支配性的人握手时，每个人都可能会不加夸张地设法占据上风地位。最后的结果是两个人紧紧地握手，手掌垂直合并，两个拇指平行（参见上页图2）。

　　如果每个人都想具有进攻性，想支配对方，握手看起来可能就不那么友好了。但是，在西方，紧紧地跟人握手通常被看作是真诚的象征。

为他人领路

　　主人经常会将一位客人带入一间满是客人的房间，将这位客人介绍给大家。要这么做，这位主人可能会做许多事，比如，将一只手张开，把手掌放在这位客人的肩胛骨之间的背部，轻轻压放在这个部位，引领这位客人朝正确的方向走（参见图3）。在这种互动之中，主人和客人的角色其实是在效仿父母和孩子之间的角色。

两腿分开跨坐

　　如果一个强有力的人希望自己能够插入一群人的谈话中，并设法控制谈话的局面，他可能会使用一种防御性的方法。这个方法就是两腿分开，跨坐在一把椅子上，这样一来，两只手臂就可以放在椅背上（参见下页图4）。一方面，这位跨坐在椅子上的人在身体上感觉到椅背会保护自己，因此不会受到其他成员的敌意伤害。另一方面，他还可能觉得即便自己不盛气凌人，也更易于在这场群体对话中占据支配地位。

无意识的防御性动作

一些情形会让人感到格外不安和不自在。例如，在商务会谈上不同意盛气凌人者的观点，或者在圣诞晚会上遇到公司的董事长，或者问候一大群并不熟悉的客人，或者第一次上台演讲。当我们还是孩子的时候，遇到诸如此类的"困境"和"威胁"，我们可能会躲到妈妈的身后，或者藏在家具的后面。当我们成人之后，我们可能会在不知不觉中"建造"一些障碍，而我们往往会直接利用自己的手臂和腿。一些研究人员认为，这些障碍物实际上是自己为难自己。给自己信心，让自己放心，打消自己疑虑的形式，是一种保护性的动作，植根于婴儿从母亲的拥抱中得到的安全感。

防御性的手和手臂姿势

双臂交叉放在胸前几乎是一种出于本能的动作，这么做是保护心脏和肺部远离外界的威胁。研究人员已经确定了几种主要的双臂交叉的保护性姿势。

基本的双臂交叉

两只手臂交叉放在胸前，一只手放置在另一只手的上臂上，

另一只手则塞在肘部和前胸之间。当我们觉得紧张或焦虑的时候，我们往往会表现出这个姿势（参见图1）。

紧紧握住交叉的双臂

两只手臂交叉放在胸前，两只手紧紧地握住上臂。焦虑不安的旅行者在搭乘飞机等候起飞的时候，或者紧张的病人在等着看病的时候都可能像这样紧紧握住他们的上臂（参见上页图2）。

双臂交叉时紧握拳头

双臂交叉，拳头紧握，还可能咬紧牙关，像是咬牙切齿一般。表现出这一姿势的人可能非常生气，以至于他们防御性的敌意如同箭在弦上，蓄势待发一样（参见图3）。

双臂不完全交叉

一只手紧紧地握住另一只手臂（被握的手臂是下垂的）（参见下页图4）。一个人如果这么做，可能是在重新制造童年时父母牵着她所产生的安全感。有时当人们面对着一位听众的时候，他们往往会握住自己的手臂做替代。

隐蔽的双臂交叉

双臂保护性地移至身体前面，这种姿势看起来像附带做了一些其他的动作。

◇将一只手移至身体前面，检查另一只手上拎着的手提包的扣带是否完好。

◇双手握住一个酒瓶。

◇整理衬衫袖子或袖口（参见图5）。

很多人往往会表现出诸如此类的姿势，当他们感到不确定或不确信，并试图掩饰这些感觉的时候就会这么做。

防御性的腿部姿势

双腿或脚踝交叉也可以表示一个人越来越觉得自己处于防御状态。这一次要防御的部位是生殖器官区。觉得自己处于守势（或消极状态）的人往往会交叉双腿，强化双臂交叉形成的障碍。相对于仅仅交叉双腿，交叉双臂所暗示的防御感或消极情绪更加强烈。与双臂交叉相似，双腿和脚踝交叉有好几种表现形式。

站立的时候，双膝交叉

一条腿交叉放在另一条腿的前面。在集会中往往可以看到这种站姿，在这

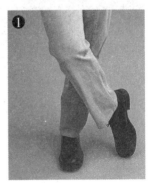

种场合中，人们可能不太了解彼此，因此，会略微地感到紧张和焦虑（参见上页图1）。

跷着二郎腿坐着

如果男士惹女友生气了，女孩子可能坐在他的旁边，但是，可能会将坐姿转变为防御性地或消极地跷着二郎腿和双臂交叉的姿势。

小心误解：许多人像这样坐着倾听别人的讲话或观看音乐演出（参见图2）。

坐着的时候，小腿放在大腿上

研究人员认为，这一姿势主要是男性采用的姿势——尽管女性也会这么做。一条腿的小腿放在另一条腿的大腿上（参见图3）。事实上，这个姿势表现出一个人好斗，而不是处于防御状态。当一名听众倾听一位"挑衅者"说话时，起初他会以防御性的姿势坐着，但是，当他想要对一个观点提出质疑的时候，他可能会

突然呈现出小腿放在大腿上的姿势。英国或澳大利亚男人比美国男人更有可能表现出这一姿势，因为他们一般会这么坐着。在世界的某些地方，这种坐姿是在侮辱他人。

坐着的时候，努力将小腿放在大腿上

在这个姿势中，两只手都紧紧握住放在另一条腿上的小腿。在辩论会或讨论中，当人们强烈地维护自己的观点且不愿意改变这些观点的时候，他们有可能会像这样坐着（参见上页图4）。

脚踝交叉

一只脚踝与另一只脚踝交叉。不管是男人还是女人，当他们感到焦虑或消极，但是在设法抑制这些情绪和感受的时候，就有可能交叉脚踝（参见图5）。

站着的时候，一只脚勾腿

研究人员认为，这个姿势主要是女性采用的姿势。一只脚勾着另一条腿的小腿。当一个人在抵制一种销售策略的时候，可能会表现出这种姿势（参见上页图6）。

坐着的时候，一只脚勾腿

一只脚靠近另一只腿的后部，抵靠住小腿。这是坐着的时候与站着时一只脚勾腿相对应的姿势（参见上页图7）。

有意识的防御性动作

表示"好运"的姿势是人们最为熟悉的有意识的防御性动作。

"好运"姿势

大多数人经常为一些事情的结果担忧，比如涨工资、成功晋升或生孩子。此时，许人都会做出一些特别的动作，期望为自己带来好运，或者让自己免于不幸或不良的影响。

手指交叉

一只手的中指与食指交叉，拇指压着缩在手掌中的其余手指（参见图1）。这一动作非常普遍，在英国和斯堪的纳维亚半岛十分常见。

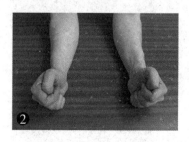

握紧拳头

两只手放低，握紧拳头，拇指缩在拳头里面（参见图2）。这是德国式的"好运"姿势。

第十章 紧张与放松

这一章主要讲的是泄露焦虑紧张和沮丧抑郁情绪的身体语言，这些情绪往往是由某种情绪压力引起的。本章同时也论述了表现放松与轻松感的姿势和动作。

坏情绪的迹象

感觉马马虎虎

在美国和欧洲，如果人们不是那么快乐，当其他人关心地询问"你最近怎么样"的时候，他们会伸出一只张开的手，掌心向下，并来回转动（参见图1）。这个姿势往往伴随着一句这样的话——"哦，马马虎虎吧。"

感觉烦透了

当有人问及"最近怎么样"的时

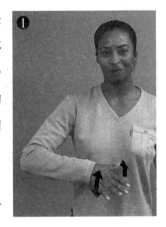

候，一位过度劳累的人可能会说"我已经受够了，都到这个限度了"，并且会举起一只手，掌心向下，举至前额，进一步阐明"这个限度"到了什么程度（参见图2）。在这个动作中，这只手象征着他们想象中的会让自己溺死的水位线的高度。

自我批评或感觉尴尬

当人们意识到自己做了某件蠢事的时候，他们可能会声称自己非常笨，应该自己打自己。伴着类似的自责的话，他们同时还会做出假装打自己的动作，张开手拍打自己的头部，通常会打在身体的4个部位：

脸颊（参见图3）。

额头（参见图4）。

头顶（参见图5）。

脖子后部（参见图6）。

研究表明，拍打落在身体的哪个部位，显示出的不仅仅是自我批评，还涉及事情的严重性。如果一位员工因为自己的粗心大

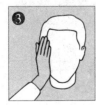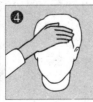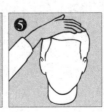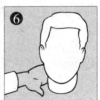

意而谴责自己，拍打自己的额头，那么老板的指责可能不是非常严厉。如果这位员工拍打的是脖子后部，那就说明他可能认为老板知道他的错误后会将他看作"眼中钉"。

伸舌头

在中国的许多地方，如果某个人"多嘴"或说了不应该说的话，他可能会迅速地伸一下舌头，表现出自己感到非常尴尬（参见图7）。

沮丧

沮丧气馁、情绪低落的人可能会（参见图8）：

● 拖着缓慢而费力的步伐前行。

● 将两只手放在口袋里，并且/或者——低着头，欠着身。

注意：某个正在沉思考的人也可能像这样走路。

移位活动

当人们感觉不确信、紧张或者百无聊赖时，他们可能会在不知不觉中表现出"毫无意义"的动作。英国著名的动物学家和人类行为学家德斯蒙德·莫里斯，将这些动作列入了"移位活动"的范畴。许多此类动作发生在日常情形中，其中一些包括安慰性的自我触摸。

典型的移位活动

典型的移位活动包括很大范围内的动作和姿势，其中紧张不安的人会用手、脚或眼睛做出毫无目的的活动。例如，在医生的候诊室中，在等待面试的人，或在交通堵塞中等待的人身上，都可能看到这些动作。研究人员认为，所有这些都能表明人们面对挫折和焦虑时的紧张状况。

● 将手放在领带上，就好像要调整领带一样，其实领带非常笔挺。

● 用手指敲击椅子的扶手，或用脚敲击地板。

● 抚弄手指上的戒指（参见图1）。有可能将戒指摘下来又重新戴上去。

● 挠头。

● 掐捏眼皮（参见图2）。

● 垂着头坐着，眼睛盯着地板或者对面墙上的一个点。

口部的移位活动

研究人员认为，这些行为都是在不知不觉中进行的，人们试图找回在婴儿时期吮吸妈妈的乳房所产生的安全感。下面有3个典型的例子。

◇ 咬指甲（参见图3），或吮吸拇指。

◇ 在做记录的时候吮吸钢笔或铅笔。

◇ 取下眼镜，并将一只镜腿放在嘴里（参见图4）。

抽烟者的移位活动

许多过着充满压力的日子的烟民，声称抽烟能够让他们平静下来。因为抽烟能够让人情绪稳定，但是，这可能只是部分原因。抽烟这个动作本身也可以让抽烟者消除疑虑、增加安全感。

● 对于抽烟的人来说，叼着烟或烟斗，就相当于不抽烟的人吮吸拇指或钢笔一样。

● 紧张焦虑的抽烟者可能会一直用香烟敲击烟灰缸，将烟灰弹落。

● 用烟斗抽烟的人可能会延长清理烟斗、装烟丝、点着烟斗的例行过程。

将世界"关"在外面

有的时候，我们会遭受更大的压力，仅靠我们交叉双臂、双腿或做出一些移位活动远远不能缓解。在这种时刻，人们可能会求助于下列这些方法，将令他们忧虑的所有事情都"关"在外面。

"切断"视线交流

处于巨大压力下的人可能会表现出以下4种无意识的眼部

行为。

回避视线

尽管在和另外一个人说话，或在倾听，但是，感觉紧张的那个人可能会有很多时间都在凝视别的地方（参见图 1）。

转移视线

感到有压力的那个人迅速地注视一下说话的人，随即继续将视线从正在说话的人那里转移开。

眼睑微微颤动

倾听者看着说话者的眼睛，但是，倾听者的眼皮时不时地微微颤动。

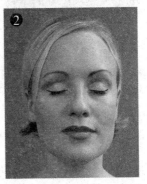

闭上眼睛

紧张不安的倾听者看着说话者的眼睛，但是，他的眨眼会持续好几秒时间（参见图 2）。

有的时候，"将世界'关'在外面"的眼部行为能显示出某些更加具体的压力。

孤立自己

有的时候，感觉有压力的人试图躲进自己的世界里。下面给出了两个孤立自己的例子。

适度孤立

在图书馆学习的人可能将胳膊肘支撑在桌子上，两只手的拇指和食指支撑着头部，就好像为两只眼睛形成了保护一样，试图将那些分散其注意力的景象阻挡开（参见图3）。

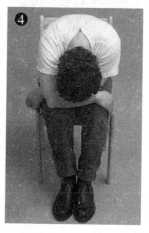

极度孤立

这种做法是在极度孤立自己。这个人紧紧地缩成一团，头埋在膝盖之间，双手紧紧地抱着膝盖（参见图4）。研究人员认为，这种姿势是人们试图将外界的令人感到恐怖的事物彻底地关在外面。由于灾难性事件——比如亲人去世或失去他们所拥有的一切东西，并在人不知所措的时候，他们可能会做出这种姿势。

感觉轻松自在

当人们处于感觉轻松而舒适的环境中时，与那些处于压力之中的人相比，他们的行为有很大的区别。如果他们是完全清醒的，他们的姿势和动作很有可能显得更加坦率，而且不会像焦虑或紧张的人那样充满防御性。当他们放松的时候，更有可能随意地坐着或躺着，"让自己尽情放松"，不像那些感觉浑身不自在的人那般拘束和压抑。

逐渐放松

人类行为学家研究认为，当人们在社交场合中变得越来越放松的时候，他们会改变自己的姿势、手势和动作。

逐渐放松的过程

　　一般来说，随着人们对彼此越来越了解，渐渐地，他们不会像起初那么害羞和不好意思。据观察，在西方许多国家和地区，这种逐渐解冻融合的过程可能会经历以下的这些阶段：

　　● 开始，两个陌生人面对面站立的时候，相互之间会隔开一段距离，并交叉双腿和双臂（参见图1）。如果他们穿着夹克或外套，上面的纽扣可能都会扣得严严整整的，即使天气不冷也会这样。

　　● 一会儿之后，这两个人可能会松开交叉的腿，双脚微微向外。他们的双臂可能仍然保持交叉，放在胸前。

　　● 每个人在说话的时候，可能都会开始用放在上面的那只手臂和手做手势。做完手势之后，说话的人可能会将这只手放在上面，而不是将手放在另一只手臂的下面。

　　● 随着紧张情绪越来越少，每个人在说话的时候可能都会松开交叉的手臂，将一只手插进口袋里，或者用手做手势来强调自己讲述的内容（参见图2）。

● 随后会解开夹克或外套最上面的纽扣。两个人可能都会向前伸出一只脚，指向他所关注的那个人，而后面那只脚承受着身体的大部分重量。

● 随着两个人从陌生到熟识，他们可能会向着彼此移得越来越近，直到他们最后刚好处于彼此私人空间的范围之内。

放松的迹象

人们在公司放松的方式可以显露出他们对身边同事的态度，以及彼此之间的关系。

在相识的人之间

如果某个人呈现出非常放松的身体姿势——例如，懒散地伸开四肢躺在沙发上，与他不是非常了解的人交谈——这一姿势可能会被其他人认为是没礼貌、不够谦恭的表现，或者表明这个人对他人存有极度的支配欲。这两种可能性都是不好的，都有可能会发生。要避免这种不和谐的、容易引起冲突的互动，我们大多数人在社交场合中只能在一定程度上放松。我们选择让自己"看起来"机敏灵活、警觉，善于接纳周围的人。例如，聚会时，一个人在坐着的时候可能会保持身体笔直，跷着二郎腿，双手轻轻地放在大腿上（参见图1）。如果是这样，她随后就会表现出适当的率真和

开放。

在亲密的朋友之间

当在亲密的朋友、亲人之间的时候，人们往往会觉得自己处于完全放松的状态。放松自在的姿势主要反映在开放式的身体语言中，其中可能包括放松地坐着或躺着的姿势，当人们躺在地板上，或懒散地躺在沙发上的时候，就可以看见这些姿势（参见图2）。

第十一章　真诚与欺骗

真诚的表现

在一般的互动中

当我们希望某个人相信我们所说的都是事实时，我们往往会看着对方的眼睛，并伸出双手，掌心向上，表明我们什么都没有隐藏。人们往往会在不知不觉中表现出这个无意识的动作，以强调诸如"相信我"或"诚实地说，真的没有发生什么事情"此类的话。

表现真诚的手势

将手伸展出来是值得信任的一大信号，这种手势由来已久，在世界范围内都可以看见。

打招呼和挥手

人们在彼此靠近的时候会伸手，并向对方挥手，这个动作最初的目的在于向对方表明自己没有携带任何武器。

握手

人们见面的时候会握手，这个动作最初的宗旨也是在于向对

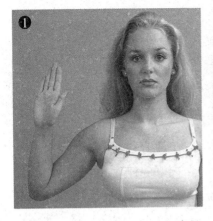
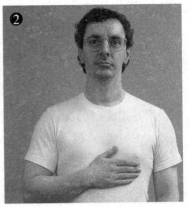

方表明自己没有携带任何武器。有的时候，人们会选择夸大的握手方式以突出他们问候的诚意。

发誓

一些人在宣誓的时候，往往会举起右手，与肩齐高，手掌平展，掌心朝前（参见图 1）。

宣誓表示忠诚

美国公民在对着国旗宣誓表示忠诚的时候，会将右手放在心脏上（参见图 2），表明自己属于这个国家。将手放在心脏上的这个动作可以追溯到古罗马时期，在那个时候，奴隶们用这种动作来表明他们忠于自己的主人。

欺骗

在许多社交场合以及日常生活中，人们常常说假话。例如，参加聚会的一位客人可能不太喜欢某种食物，但是为了避免冒犯和得罪主人，他可能假装十分享受这种食物。

检测欺骗行为

富有成效的撒谎不仅要能够尽可能自然地说话，还要让说出来的话与身体语言相一致。要克制身体和四肢无意识地做出一些动作，以及脸上出现转瞬即逝且感觉真诚的表情往往很难。但不这样做，就会泄露实情。研究人员认为，我们的身体没有"说"出来的"事实"比我们说出来的话要有分量得多，前者的影响大约是后者的5倍多。因此，当说出来的言辞和身体语言不一致的时候，欺骗行为可能就是其中一个很重要的原因。但是，这也不是唯一的原因：一个动作可能显示出某个人感觉紧张，而不是因为他在骗人。

欺骗他人的迹象

一组受测者进行了一项测试，结果有助于显示出哪些动作和姿势能为我们提供最可靠的线索，可以判断别人在骗人，而哪些动作又是最不可靠的线索。下面的这个列表，开始的动作和姿势是不可靠的指示物，最后的一个是最值得信任的线索。

- 面部表情。
- 有意的动作。
- 手势。
- 自我触摸。
- 腿和脚的动作。
- 注视行为。
- 自主神经系统反应（比如脸红）。

除了最后一个迹象，下面对其他的迹象进行了充分而详细地论述。

面部表情

　　面部表情最容易控制，也因此最难于解读。精于撒谎的人看上去往往像真正地开心或真的非常伤悲。在一次测试中，让一些人观察受测者的面部表情，然后猜测他们真实的情绪和感受。结果，猜测那些经常撒谎的人比猜测不经常撒谎的人更容易出错。但是，主要研究脸部表情辨识、情绪与人际欺骗的美国心理学家保罗·艾克曼在对人类面部表情进行了多年研究后，发现了下面这些线索，可以显示出人们隐藏的情绪或者假装的情绪。

　　转瞬即逝的表情

　　有些感觉起来很真诚的表情会在 1/5 秒之内在人的脸上匆匆掠过。如此细微的表情可能会以悲伤或生气的样子暂时性地代替微笑。我们大多数人只会在不知不觉中流露出这种"微表情"。这有助于解释为什么有的时候我们会觉得一个人让我们浑身不自在——尽管这个人表面看起来非常友善，但是却不讨我们喜欢。

　　克制的表情

　　这些感觉起来很真诚的面部表情，在人们意识到正在发生的事，并用他希望别人看到的表情取而代之的时候，克制的表情才会开始形成。克制的表情比细微的表情出现得更加频繁，而且持续的时间更长。因此，它们更易于被发现。但是，善于撒谎的人往往会小心翼翼，不让他们真实的情感以这种方式偷偷显露出来。

　　可信赖的面部肌肉

　　可信赖的面部肌肉是最不受其主人控制的肌肉，因此，最可信赖的面部肌肉向观察者显示出其主人的真实感受。人们会试图掩饰它们产生的作用和影响。比如微笑，可信赖的面部肌肉，尤其是前额的那些肌肉更有可能显示出真实的情绪和感受。

下面的 3 个例子阐述了可信赖的面部肌肉如何泄露某个人真实的感受，尽管他们可能正在微笑：

◇ 眉心上扬，额头出现皱纹，这流露出这个人的悲伤（参见图 1）。

◇ 眉毛上扬并聚集在一起，这流露出这个人的恐惧或忧虑（参见图 2）。

◇ 嘴唇紧抿，变窄，眉毛向下拉，向内紧缩，这流露出这个人在生气（参见图 3）。

即便是可信赖的面部肌肉，也并不总是可靠。经验丰富的、惯于撒谎的人会克制这些肌肉。然而，被怀疑撒谎的无辜者表现出来的恐惧表情可能与真正的撒谎者的表情相似。

假笑

当人们感受不到诸如乐趣、满足、喜悦、快乐或慰藉之类的情绪时，他们会假装微笑，以表达上述的这些情绪和感受。全家福里的照片常常会让人一眼看上去就觉得那些微笑实在是太假，但是，我们往往发现又很难分析出其中的原因。《人类观察》一

书的作者德斯蒙·莫里斯认为，假笑不同于发自肺腑的微笑，因为假笑往往在几个方面不符合"真笑"的标准。

"真笑"与"假笑"之比较	
真正的微笑（参见下页图1）	假笑可能会
真正的微笑有一定的力度	假笑的力度可能不正确
真正的微笑按照一定的速度发展为充分的微笑力度，根据微笑的力度，微笑会按照一定的速度渐渐消失	微笑看起来要么太过迅速，要么消失得太过缓慢
真正的微笑根据微笑的力度会持续一段时间	假笑持续的时间不太合理，要么微笑的时间太短（比如，上一秒笑下一秒立即不笑），要么微笑的时间太长
真正的微笑是对称的，嘴唇伸展开，两边嘴角都向上翘	假笑往往不对称，是扭曲的，只有一边的嘴角上翘（参见下页图2中的a部分）
真正的微笑会影响到面部的其他部分，形成合适的角度；真正的微笑会在眼角形成鱼尾纹；在眼睛下面形成眼袋；眉毛会降低	假笑不会怎么影响到面部的其他部分，比如眼睛或脸颊，不会形成在真正的微笑中出现的合适的角度（参见下页图2中的b部分）

有意的动作

　　头部、手部或肩膀做出的动作能够表示言辞，比如，点头表示"是"，拇指和食指形成圆环的"OK"手势代表"一切都好"。但是，要表露出某个人的情绪或看法，这些手势和动作可能并不可信、靠不住，因为人们可以有意地做出一些动作和姿势。但是，人们有时会在无意中流露出他们本来想要掩饰的事情。

　　不完整的手势和动作

　　当主人询问客人愿不愿意看看主人一家在假期旅游时拍摄的光碟，客人可能会说"愿意"。但是，也许她做出了一个不完整的耸肩动作，这泄露出客人有些勉强。这个不完整的动作可能包括：微微地耸肩，或短暂地伸出双手。这是在表示"我无法说'不'"（参见左图1）。

有所掩饰的姿势

如果不伸出手臂，摊开双手做耸肩动作，一个人可能仅仅将手翻转，掌心向上，放置在他的大腿上。一个失意的人可能会在不知不觉中做出这个动作——将中指放在膝盖上（参见右图2）。

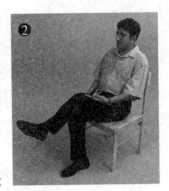

手势

人们有的时候通过手势来揭示事实的真相，或表露出他们内在的真实情绪和感受。当他们说话的时候，他们的手可能会在不知不觉中反映出他们的情绪和感受。

例如，一位紧张不安的政治家手掌向上——表示恳求的手部姿势，可能与他宣扬要有决心有信心的主张相抵触。因此，撒谎的人往往会抑制自己使用难以控制的、会泄露实情的手部动作——将两只手紧握在一起，或将手插在衣兜里。他们尤其倾向于掩藏手掌心。一个孩子如果否认自己吃了糖果，可能会将双手藏在背后。一位有外遇的丈夫可能在站着的时候双臂交叉，声明他是清白的。手势是很自然的事情，因此，当一个人没有做手势或一时说不出话来，敏锐的观察者可能会心存怀疑。但是，我们也必须记住，善于撒谎的人往往会做出让人信服的手势，将手掌向上，表现出自己非常"诚实"。

自我触摸

欺骗他人的人做的手势往往少于正常水平，但是仍然可能会做出一些细微的自我触摸式的动作。自我触摸的大部分动作都是用手接触头部，尤其是嘴、眼睛、耳朵或脖子，就好像撒谎的人试图不想说、不想看、不想听谎话一样。这种欺骗可能是一个非常重大的谎言，或者只是某个人在脑子里努力解决疑难问题时被隐藏起来的恐慌。当然，这些动作也可能是出于习惯、紧张或某处发痒需要挠一挠。

捂嘴

小孩子在撒谎时，往往会用两只手捂住自己的嘴（参见图1）。成年人发现自己在撒谎的时候，则往往采用捂嘴的弱化形式：他们不会捂嘴，而可能转而触摸脸颊、鼻子、嘴唇或额头（参见图2）。他们可能看起来像是在挠某处发痒的部位，但是，他们抓痒的动作很轻微，而且抓挠的地方并不集中。

揉眼睛

为了避免与被骗的人视线相对，撒谎的人可能会突然揉眼睛（参见下页图3）。身体语言专家阿兰·皮斯认为，男人如果说了谎话，往往会用力地揉眼睛，或注视着地板，而女人则会轻轻地按摩眼睑，或看着天花板。

揉耳朵

揉耳朵有几种变化形式：揉耳垂（参见上页图4）、摸耳根，以及挖耳朵。阿兰·皮斯研究认为，成年人的这些动作相当于小孩子捂住两只耳朵，避免因为自己撒谎受到大人的责备。

摸脖子

摸脖子（参见图5），以及拽拉衣领（参见图6）是自我触摸的另外的动作，当人们可能没有讲真话，或者对某些事情有所保留的时候，就会做出这些动作。

腿和脚的动作

英国著名动物学家和人类行为学家德斯蒙·莫里斯认为，腿和脚的动作能够暴露出其欺骗行为，而且更加可信。这是因为我们往往更加关注人的脸部和手，忘记了下肢其实也能泄露人的内在情绪和感受。与身体在焦躁不安的时候一样，腿和脚的颤动动作往往显示出一个人

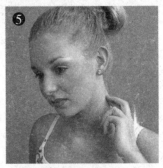

想要离开。例如，一个女人如果用一条腿磨蹭另一条腿，这一动作是自我触摸形式——暴露了她并不那么端庄娴静，而她的表情可能让观察者认为她很一本正经。

注视行为

注视的方向可能会揭示出掩藏的情绪或保留的信息。如果同伴的眼睛与我们视线相对的时间少于1/3，则他可能对我们隐藏了一些信息（但是，这样的行为可能是出于礼貌）。一般来说，善于撒谎的人会和他人进行频繁的目光接触。

身体移位

撒谎的人或保留信息的人往往会在座位上坐立不安，他可能比别人率先倾向靠在椅子上，就好像他们要逃离所处的场合一样。百无聊赖的人在佯装感兴趣的时候，更有可能通过垂头的姿势让自己"现出原形"。

下篇

读心术与人际交往中的心理策略

第一章 一眼读懂他人表情

无意识表情比口头语言更真实

当你想知道对方心里想的是什么的时候，你就盯着对方的眼睛看就能知道。真的是这样的吗？其实，与其看着对方的眼睛，不如看看他整个脸部。人的脸上有40多块肌肉，它们当中的大部分我们都无法有意识地掌控，这也就是说，一个人的面部表情会无意识地流露出许多信息，有的人就具备火眼金睛的表情识别能力，他们能通过看对方的表情识别对方的心思。

也许你曾经在电视上看到过警察破案的场景，不知道你有没有注意到，即使在嫌疑人守口如瓶、一句话都不说的情况下，警察仍然能够从他们身上获取到很多有用的线索，请看下面的这个场景：

警察接到密报，有人在市区的一所教堂内安装了炸弹，但是并不清楚究竟是哪一所教堂，挨个排查已经来不及了，因此他们必须从嫌疑人身上找到线索。测谎专家开始对嫌疑人进行提问："如果是我的话，我会把炸弹安在 A 教堂，那里总是有很多人。"

嫌疑人脸上没有一丝表情。

"看来 A 教堂并不是最好的地方，那里戒备十分森严，不如 B 教堂更容易下手。"

嫌疑人嘴角向上提了一下，闪过一丝轻蔑的笑容。

"位于郊区的 C 教堂似乎也是不错的选择，那边……"

此时，测谎专家发现嫌疑人瞳孔放大，放在椅子扶手上的手紧紧地握了一下，专家立即下令搜查 C 教堂，果然找到了炸弹，避免了一场灾难。

虽然嫌疑人一句话也没有说，也没有做出任何指示性的动作，然而他脸上的细微表情出卖了他。

事实上，许多警务人员都在研究并运用无意识表情传达的信息破案，因为人虽然可以控制自己说话的内容，却无法控制自己脸上的无意识表情，也就是说，无意识表情比口头语言更加真实且有说服力。

我们每个人都有察觉别人情感的能力，能分辨出别人是高兴还是生气，但是，我们又常常忽视了一些信息，有些时候直到别人把心中的怒火发泄出来后才明白了他原来是多么地愤怒！并且，有些时候我们会混淆一些面部表情，比如说，把害怕的表情当成惊讶，把入神的表情当成悲伤。

面部表情的变化有时候是有意识的，有时候是无意识的。当你给我讲了一个笑话，有可能代表你对我无意识流露出的轻蔑，也有可能代表你是在附和我；当我告诉你一件不可思议的事情，你扬起了眉毛，有可能说明你对我说的话故意表示怀疑，也有可能是你真的对我说的话有所怀疑。

有时候我们会同时产生两种情感，那么在这两种情感的转化过程中，就会有一个承接两种情感的阶段，比如我们先是惊讶，然后又变得高兴，那么这之中就会呈现出又惊又喜的表情。当我们经历一种混杂的感情的时候，比如当我们坐过山车的时候，我们会既兴奋又害怕，我们会在无意识中表现出我们想要隐藏的感情，与此同时，我们会有意识地假装出我们想要伪装的感情。

事实上，观察一个人无意识的表情，不仅能够知道他此时此刻的情感，还能够知道他即将会产生的情感，这是因为，肌肉的反应比思维的反应更快，知道这一点，你可以在对方尚未感觉到他的感情之前先他一步做出应对措施。比如当你发现一个人即将发怒的时候，你可以提前帮助他控制愤怒情绪的爆发，这比他发怒后你手足无措要好得多！

认识轻微表情、局部表情与微表情

人类的面部表情可以分成三种主要类型，它们分别是：轻微表情、局部表情和微表情。那么，它们分别是什么样的，又代表着怎样的含义呢？

首先让我们来认识轻微表情。

轻微表情是指整个面部肌肉都轻微、强度不大并参与到整个面部表情的构成中。每一块肌肉都形成了你表情的一部分，但是每一块肌肉的变化都不是很明显。轻微的表情说明情感较弱，比如，有的感觉可能本身比较强烈，但是当这种情感刚刚开始的时候，它可能比较弱，有的情感在刚开始的时候可能比较强烈，但是它正在慢慢地消退。轻微表情的产生还有另外一种情况，就是当一个人极力掩盖他强烈的感情但没有成功所流露出的痕迹。比如，当我们看一些选秀节目的时候，被淘汰的选手面对镜头时会努力掩盖自己失落的情绪。

接下来让我们认识局部表情。

局部表情是指，只运用一两块肌肉来构成表情。局部表情有时候可能是轻微的，有时候可能是强烈的，在大多数时候局部表情是轻微的，这意味着，也许感情本来就是轻微的，也许感情真处在削弱期，也许意味着没能隐藏好某种强烈的情感。

最后让我们来看一下微表情。

微表情是一种稍纵即逝但是能够很明显地表现出一个人的感情的表情。微表情出现的时间很短，可能只有半秒钟就消失不见了，而且很少人会有意识地观察一个人的微表情。我们常常会打断我们自己的微表情。比如，当我们意识到自己正在感到害怕的时候，我们会用别的表情来代替我们一晃而过的微表情。

以上所述就是面部表情的三个主要种类了，明白了它们的含义就可以帮助我们在与人交往时，通过对方所呈现的面部表情猜想出其内心的想法。

眼睛传递的非语言信息

我们都知道眼睛是心灵的窗户，一个人的眼睛流露出的往往是其内心真实的感受。就像孟子说的那样："观其眸子，人焉廋哉！"意思就是说：想要观察一个人，就要从观察他的眼睛开始。眼睛是人们脸上最诚实的部位之一。在面对面的交流中，眼睛对双方的行为有着很大的影响。因为眼睛是人与人沟通中最清楚、最明显的信号，它能将众多复杂的信息通过注视传递出去。

一般来说，眼睛传达的信息有以下几种：

（1）与人交谈时，视线接触对方脸部的时间在正常情况下应占全部谈话时间的30%～60%，如超过这一范围，可认为对谈话者本人比对谈话内容更感兴趣。比如一对情侣在讲话时总是互相凝视对方的脸部。若低于此范围，则表示对谈话内容和谈话者本人都不怎么感兴趣。

（2）倾听对方说话时，几乎不看对方，那是企图掩饰什么的表现。据说，海关的检查人员在检查已填好的报关表格时，他通常会再问一句："还有什么东西要呈报没有？"这时多数检查人员的眼睛不是看着报关表格或其他什么东西，而是盯着申报人的眼睛，如果不敢坦然正视检查人员的眼睛，那就表明有问题。

（3）眼睛闪烁不定是一种反常的举动，通常被视为掩饰的手段或性格上的不诚实。一个做事虚伪或者当场撒谎的人，其眼睛常常闪烁不定。

（4）在1秒钟之内连续眨眼几次，这是神情活跃，对某事件感兴趣的表现；有时也可理解为由于个性怯懦或羞涩，不敢正眼直视而做出不停眨眼的动作。在正常情况下，一般人每分钟眨眼5～8次，每次眨眼不超过1秒钟。时间超过1秒钟的眨眼表示厌烦，不感兴趣，或显示自己比对方优越，有藐视对方和不屑一顾的意思。

（5）当人处于兴奋时，往往是双目生辉、炯炯有神，此时瞳孔就会放大；而消极、戒备或愤怒时，愁眉紧锁、目光无神、神情呆滞，此时瞳孔就会缩小。实验表明，瞳孔所传达的信息是无法用意志来控制的。当然，眼神传递的信息远不止这些，有许多只能意会而难以言传，就要需要我们在实践中用心观察、积累经验、努力把握。

（6）眯起的眼睛反映出某种消极的思想或感情，人们通过眯眼来遮挡光线或自己不喜欢的东西。当人们生气或听到不喜欢的声音时，也会眯眼。

FBI（美国联邦调查局）抓获了一名间谍，他怎么也不交代自己的同伴身份。但是FBI必须尽快找到其他的间谍，因为他们会让美国受到威胁。在被捕间谍不合作的情况下，FBI的情报分析师马克·瑞瑟提议通过观察他的非语言来收集信息。

他们调查出了每一个和被捕间谍在一起工作过的人，其他的间谍有可能就在其中，然后把这些人的名字写在卡片上，一张一张地拿给被捕的间谍看，同时让他把这些人的有关情况说出来。FBI当然不在意他说了什么，因为他们知道他会撒谎，他们关注的是他的非语言行为。最后他们发现有两个人的名字使他的眼睛有些变化，他看到那两个名字时，眼睛突然睁大，瞳孔迅速收缩，并轻轻地眯了一下眼。这说明他并不希望看到这两个名字。FBI根据这唯一的发现最终确认那两个人也是间谍。直到最后，最先被捕的那个间谍都不知道他的同伙是怎么被找到的。

总之，眼睛的动作多种多样、千变万化。有拒绝眼色交流的动作；有各种不客气地看看对方的动作；有些人在拥挤的公共汽车上目视远处，心甘情愿地舍弃自我，任人观察；有兴趣极浓的人不断地扫视；也有心怀戒备的凝视……只要我们用心观察，总能从对方的眼睛中读出他的真实情绪。

精准识别出真假表情

如今最受热捧的职业之一就是演员，而一个优秀的演员就是能把自己扮演的角色活灵活现地表现出来，简单来说就是演技要精湛。演技就是根据剧情表演出相应的表情和情绪，其实就是一种假表情。不仅是在演戏的时候，就在现实生活中，也有一些人利用假表情来欺骗周围的人，相信我们都曾经被骗过，因为我们无法判断他们表情的真假。

面部表情最容易控制，也因此最难解读。在一次测试中，让一些人观察受测者的面部表情，然后猜测他们真实的情绪和感受。结果，猜测那些经常撒谎的人比猜测不经常撒谎的人更容易出错。但是，经过研究发现了下面这些线索，可以显示出人们隐藏的情绪或者假装的情绪。

1. 转瞬即逝的表情

有些感觉很真诚的表情会在 1/5 秒之内在人的脸上匆匆掠过。如此细微的表情可能会以悲伤或生气的样子暂时性地代替微笑。我们大多数人只会在不知不觉中流露出这种"微表情"。这有助于解释为什么有的时候我们会觉得一个人让我们浑身不自在——尽管这个人表面看起来非常友善，但是却不讨我们喜欢。

2. 克制的表情

当我们意识到正在发生的事，并想让自己呈现出别人希望看到的表情的时候，克制的表情才会形成。克制的表情比细微的表情出现得更加频繁，而且持续的时间更长。因此，更易于被发现。但是，善于撒谎的人往往会小心翼翼，不让他们真实的情感显露出来。

3. 可信赖的面部肌肉

可信赖的面部肌肉是最不受其主人控制的肌肉，因此，最可信赖的面部肌肉向观察者显示出其主人的真实感受。人们会试图掩饰它们产生的作用和影响，比如微笑，可信赖的面部肌肉，尤其是前额的那些肌肉更有可能显示出真实的情绪和感受。

下面的 3 个例子阐述了可信赖的面部肌肉如何泄露一个人的真实感受，尽管他们可能正在微笑。

（1）眉心上扬，额头出现皱纹，这流露出这个人的悲伤。

（2）眉毛上扬并聚集在一起，这流露出这个人的恐惧或忧虑。

（3）嘴唇紧抿，变窄，眉毛向下拉，向内紧缩，这流露出这个人在生气。

即便是可信赖的面部肌肉，也并不总是可靠。经验丰富的、惯于撒谎的人会克制这些肌肉。然而，被怀疑撒谎的无辜者表现出来的恐惧表情可能与真正的撒谎者的表情相似。

以上这些内容可以帮助我们判断一个人表情的真假，同时也让我们可以更加准确地识人认人，对于一些总是掩藏自己的内心感受的人，我们就要小心，他们的欺骗行为可能会对我们不利。而那些表情真实不做假的人，我们也要同等地真诚对待。

嘴部表情解密内心想法

我们通常都会习惯性地认为撇嘴唇是在表达不满或者轻蔑。这里所说的撇嘴唇与孩童经常性的撅嘴唇不一样。孩童们在愿望没有得到满足时会把嘴唇撅起来，显得嘴唇很厚。而撇嘴唇则是收缩唇部肌肉，使得唇形更小。在这个过程中，嘴角也会轻微下垂，显出轻蔑的神情。

做出撇嘴唇这个动作的人可能不太认同对方的意见，或者根本就瞧不起他。当他把自己看得很高时，就会不自主地看低其他一切东西，这种动作也就出现在他的身体语言上。除了撇嘴以外，其他的嘴部动作也可以传递出一个人的内心想法。

嘴是人类最重要的器官之一，它是说话的工具，同时也是摄取食物和呼吸的器官，它的吃、咬、吮、舐等多种功能都决定了它的表现力，而这些往往反映出人的心理状态。

一般来说，在谈判过程中可能会出现以下几种嘴部动作：

（1）紧紧地抿住嘴，往往表示意志坚决。

（2）撅起嘴是不满意和准备攻击对方的表现。

（3）遭到失败时，咬嘴唇被视为是一种自我惩罚的动作，有时也可解释为自嘲或内疚的心情。

（4）注意倾听对方谈话时，嘴角会稍稍往后拉或往上拉。

（5）不满和固执时往往嘴角向下。

在商务交谈中，对手所说的话未必都是真实的，但他们的嘴部动作却很"坦诚"。因为，根据身体语言学家的观察，发现人的嘴富有极强的表现力，它的动作常常能让谎言不攻自破，把人的心绪全面暴露出来。

1.咬住的嘴唇

谈判中，如果对方经常咬住自己的嘴唇，就是一种自我怀疑和缺乏自信的表现。因为在生活中，人们遇到挫折时容易咬住嘴唇，惩罚自己或感到内疚。若在谈判中用到，则说明对方已经开始认输，内心开始妥协退让了。

2.抿着的嘴唇

谈判中，如果看到对方抿着嘴唇，则表示他内心主意已定，是有备而来，绝对不会轻易让自己退让。如果他目光不与你接触，则说明内心有秘密，不能泄露。所以，抿着嘴巴，怕自己泄露信息。

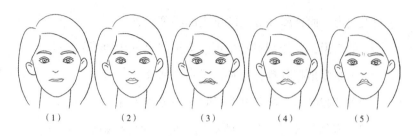

（1）　　　（2）　　　（3）　　　（4）　　　（5）

3. 嘴向上撅起

这个动作说明对方对你提出的建议很不满，是表达异议的一种方式。因为小孩子在猜到父母哄骗自己时，就容易做出这样的动作。成年人在商务场合做出这种动作就像在说："哄小孩子呢，我可不满意。"这时，他们通常不会答应任何条件，而是等着对方调整策略。

4. 嘴不自觉地张开

对方做出这样的动作，显示出倦怠或者疏懒的样子。则他可能对自己所处的环境厌倦、不肯定，抑或对讨论的话题理不清头绪，缺乏足够的自信来应对你。

身体所传达出的非语言信息并不比真正的语言少，单是嘴部表情就可以有如此多的信息可寻，所以在社会生活中，关注对方的身体语言，也能发掘他们心中的秘密。

鼻子也会"说话"

除了眼睛和嘴巴以外，人们的鼻子也是身体语言的一部分，也许听起来不可信，但是鼻子的确也是会"说话"的。

有位研究身体语言的学者，为了弄清鼻子的"表情"问题，专门做了一次观察"鼻语"的旅行。他在车站、码头、机场等不同的地方观察。他旅行观察了一个星期，得出以下两方面的结论：

第一，旅途是身体语言最丰富的表现区域。因为各个地区、各种年龄、不同性别、各种性格的人都汇集在一起，都是陌生人，语言交流很少，心理活动很多，所以，大量的心态都表现于身体语言。正如那位研究者所说："旅途是身体语言的试验室。"

第二，人的鼻子是会动的。据研究者观察，在有异味和香味刺激时，鼻孔会有明显的动作，严重时，整个鼻体会微微地颤动，接下来往往就会出现"打喷嚏"现象。研究者还认为，这些动作都是在传递信息。据观察，凡高鼻梁的人，多少都有某种优越感，表现出"挺着鼻梁"的傲慢态度。关于这一点，有些影视界的女明星表现得最为突出。他说，在旅途中，与这类"挺着鼻梁"的人打交道，比跟低鼻梁的人打交道要稍难一些。

一本小说中有一段关于鼻子动作的描写。书中的男主角看到一位漂亮的小姐，为了表现出他的与众不同的吸烟法，他向空中吐着烟圈，然后烟圈飘向那位小姐。小姐没说什么，只是伸手捂了一下鼻子。男主角便问道："你讨厌烟味吗？"那位小姐没有回答他，只是继续捂着鼻子。

其实，用手捂着鼻子的

身体语言已经表达出了那位小姐的讨厌情绪，遗憾的是，男主角竟然没有看出来，反而去问一个不该问的问题。这样做自然要碰钉子。

有的研究者主张把用手捂捏鼻子的动作归为鼻子的身体语言，而不是手的身体语言。还有，若某人仰着脸，用鼻孔而不是用眼睛"看"人，这跟用手捂捏鼻子一样，是要表达自己的反感情绪。

在旅途中，碰到有这些姿势的人，尽量少与之打交道。譬如：请他人帮助做某件事情之时，如果对方用手摸鼻子，或是用鼻孔对着你"看"，这应该视为他接受请求的可能性不大，或者是其拒绝的表示。因此，跟讨厌的人交谈时，如果想尽快结束无聊的话题，不妨用手多次摸鼻子，不停地变换姿势，或用手拍打物体之类的动作，将你的意思传达给对方。

所以，当我们想要了解一个人内心的真实想法时，一定不能忽略他的鼻子所传递的信息。

第二章 眼睛是内心的最大泄密者

表示心虚的视线转移

当我们在评论某一个人时，往往会用"眉清目秀""浓眉大眼"，或是"贼眉鼠眼"等词语。可见，"眉目传情"确实是可行的。也即，眉眼可以当作一种非常独特的表现手段来表现一个人的个性特点，尤其是视线更能表现一个人的种种心态。

在日常生活中我们经常可以遇见这样的情形，当你与一个人交谈时，对方的眼神总是闪烁不定，一旦遇见你的视线后，就会迅速将自己的眼神移开。此种条件下，你就会觉得他心中可能隐藏着某事，或者是背着你做了对不起你的亏心事。这种担心是有科学根据的，就心理学而言，回避视线的行为，往往被认为是一方不愿被对方看见的心理投射。也即，隐藏着不想被对方知道某事的可能性非常大。视线的转移往往是人内心活动的反映。在与人交谈的过程中，多留意一下对方视线的变化，你可能从中了解到很多更为真实的东西。

虽然视线转移在很多时候是心虚的表现，但这并不意味着一个人在与对方发生视线接触时一有视线转移就表示心虚。在医学上，有一类人群被称为"视线恐惧症"患者，他们在与别人发生视线接触后，往往会立即转移

自己的视线。因为他们觉得对方的眼光太过强烈，从而使自己的眼睛不由自主地频繁眨动，这会让他们感觉非常不舒服。与此同时，他们的心理也处于一种矛盾的状态之中，一方面他们想如果与对方进行对视，会不会使对方感到不快，另一方面又想自己若是进行视线转移，对方会不会看透自己的心理。在这种进退两难的矛盾状态之中，他们越是焦急，就会更加注视对方的眼睛，更剧烈的反应便随之产生；越害怕对方会看透自己的心理，强烈不安的心理情绪就越严重。一般来说，此种类型的人，他们之所以会产生"视线恐惧症"，归根结底，是因为他们缺乏自信心。他们往往是通过别人眼中反映出的自己来认识和确认自己的存在与价值。

此外，一个人不与对方发生眼神接触而进行视线转移，可能也不是心虚的表现，而是与特定的文化背景有关。比如日本，按照他们的风俗习惯，相互介绍的时候，名望身份较低的人应该比名望身份较高的人鞠躬鞠得更深以避开眼神接触，这被认为是尊重对方的表现。

相扑运动员的眼神训练

在相扑、拳击之类的竞技运动中，运动员不仅要进行常规的训练，还要接受一种眼神训练。这种训练，要求运动员能够不眨眼地凝视对方的眼睛，并且时间越长越好。如果能练就一双锐利的眼睛，就能在搏斗时以眼神挑衅对方，甚至摧毁对方的意志。

相关研究显示，不少相扑运动员之所以能经常获胜，并不是因为他们的技术多么出色，或与对手相比占有多大优势，而是因为他们通过赛前凝视的目光取得了心理上的优势。在他们的逼视下，对手往往会产生畏惧的心理，并最终在比赛中失败。

生活中，一个人的威严感，或者震慑力，往往不在于他们的身体多么高大，而在于他们的眼神。所谓"英气逼人，目光如刀"，说的就是眼神的威力。

高傲的眼神

爱默生曾经说过这样一句话："人的眼睛和舌头所说的话一样多，不需要字典，却能从眼睛的语言中了解整个世界。"事实也的确如此，眼睛是心灵的窗户，它与一个人内心的思想感情有着密不可分的关系。很多时候，一个人内心的思想状况和情绪状态会通过他的眼神表现出来。所以，通过观察一个人"心灵的窗户"——眼睛语言，可以在一定程度上对他有个大概了解和认识。

在日常生活中，我们常常会遇见这样一种人，他们在与人交谈时，总是会习惯性闭着眼睛不看对方，或者是用眼光从上到下不住地打量对方，他们的这种态度往往会使对方感到非常不舒服。这种人为什么要用这样的眼神看对方呢？原因很简单，他们之所以会这样做，是企图把对方排除在视线之外，或是表达对对方不感兴趣，甚至是轻蔑。不可否认，他们闭眼的姿态或是轻蔑的目光，有时候是无意识的，但这恰恰反映了他们心底那种高人一等的优越感和自大感。

一般来说，这种人在与人谈话时，闭眼的时间可能长达 2 秒左右，这就大大超出了平常人一般的闭眼时间（闭眼时间不超过1 秒）。如此一来，就会导致交谈双方信息交流中断。这就表明他们试图通过视觉信号的暂时切断来避免看见对方。他们在上下打量对方时，其时间一般长达数分钟，甚至在整个谈话过程中，都一直上下打量着对方。当然，他们这种高傲的眼神，往往会遭到对方的鄙视，有些时候还可能自讨没趣。

需要注意是，一些高傲、自大心理较为严重的人，除了用闭眼、上下打量对方等方式表现自己的优越感以外，有些时候他们还会把自己的头仰起来，用鼻孔来"看"对方，以示对对方的轻蔑。所以，在与人交谈时，你如果发现对方在用鼻孔"看"着你，你最明智的做法就是立即停止和他交流，以免让自己处于难堪的境地之中。

大多数骗子会直视你的眼睛

我们都知道这样一个常识，当一个人向另一个人说谎时，他往往不会正视对方的眼神，而是将自己的视线移向一边。那么我们是否可以就此认定，当一个人和另一个人谈话时只要他敢于直视对方的眼睛，他就一定没有对对方撒谎呢？先暂不回答这个问题，一起来看心理学家下面这个实验。

实验中，心理学家把参加实验的人员分为甲乙两组，并让甲组的人对乙组的撒谎，同时，心理学家还要求甲组中85%的人在撒谎时一定要看着对方的眼睛。随后，心理学家把甲乙两组人员的撒谎过程进行了录像。录像完毕后，心理学家来到一家电视台做了一期"你能识别哪些人在撒谎"的谈话节目。台下观众看完录像节目后，心理学家便开始让他们识别哪些人在撒谎，并让他们说明各自的理由。

结果，很多观众都中了心理学家的"圈套"。在那些在撒谎时注视对方眼睛的"骗子"中，有95%的人没有被观众识破，他们认为那些"骗子"在实话实说。因为"骗子"们在说话时注视对方的眼睛。而在那些事先没有被心理学家叮嘱过在撒谎时要注视对方眼睛的"骗子"中，有80%的人都被观众识破了。因为观众发现他们在与对方说话时眼神总是游离不定。通过这一实验，心理学家还发现，在识别谎言方面，女性的直觉比男性的更为准确一些。她们能较为准确地发现对方声音的变化、瞳孔大小的变化、眼神的变化，以及其他一些变化。而这些变化往往是说谎的征兆之一。

由此，我们也就可以回答前面提出的问题了，当一个人和另一个人谈话时即使敢于直视对方的眼睛，也不能保证他没有撒谎。

现实生活中很多有丰富经验的骗子在行骗时，往往就会一直和对方保持眼神的交流，因为他们想如果这样做的话，对方就不会轻易怀疑他们在撒谎。事实也证明，他们那样想是对的，因为他们很多时候利用这一点成功骗取了对方的信任。这就表明，仅仅通过眼神来判定一个人是否在撒谎是远远不够的，要想较为准确地判断他是否在撒谎，除了观看他的眼神以外，还要结合他在说话时流露出来的一些其他动作才可能得出一个较为准确的判断结果。

一般来说，如果一个人（尤其是陌生人）和你对视的时间占了你们交流总时间的一半以上，你就应该注意了。因为这往往包含有这样三层意思：① 他可能对你有所企图，比如想从你哪儿知道某个消息或是确认某件事情，但又不好意思开口，于是采用此种方式来暗示你告诉他。② 他可能在向你撒谎，他之所以长时间和你进行眼神交流，就是想制造一种假象，让你觉得他说的全是实话。③ 他对你充满敌意，很有可能会向你挑战。

眼睛斜视的意义

在人们交流的过程中，双方身体语言使用得最多的是"眼神"。研究资料也证实，人们在谈话时（盲人除外），他们眼神的作用，往往会超过有声语言。很多时候，一些说不清、道不明的思想情感，可能一个简单的眼神却能将其表达得清清楚楚、明明白白。

在与人交流时，我们有时会发现对方用斜视的目光打量着我们，这是什么意思呢？一般来说，一个人用斜视的眼光打量对方通常有这样三种意思：① 表示自己对对方所说的很感兴趣。当一个人在与对方交谈的过程中，如果他发现对方很有趣或是很有吸引力，他就会用斜视的目光悄悄地打量着对方，同时还会扬起眉毛或是露出浅浅的微笑。这常被用来作为求爱的信号。② 表示不确定的犹豫心态，当一个人与他人进行交流时，如果他对对方所说的话感到有些疑惑，或是需要自己做出决定但又有很多不确定的因素。此种情况下，他就会用斜视的眼光看着对方，同时把眉毛向上拱起，试图在讯问对方"你说的是真的吗？"或是试图告诉对方，"抱歉，我现在还不能做出决定"。③ 表示敌意或轻视的态度，一个人和对方交流时，如果他对对方抱有一定的意见，或是自我感觉非常良好，那么，在与对方进行交流时，他就会故意用此种眼神看着对方，同时把嘴角向下撇或是撇向一边。这也是斜视最常见的含义。

　　由此可见，当一个人在看别人时，最好不要用斜视的眼光地去打量对方，以免引起对方的不快。

具有威慑力的直盯对方的方式

　　在动物界，当某种动物准备攻击猎物时，它往往会用眼睛死死地盯住对方。在对猎物进行数秒或数分钟的视觉恐吓后，它就会以迅雷不及掩耳之势攻击对方。作为"万物的灵长"的人在攻击对手时，往往也会采用此种方式。

　　如果一个人的眼神显得柔弱无力、弱不禁风，这肯定不会让其在受到攻击时，对"敌人"产生威慑力。那如何才能使一个人的眼神具有威慑力呢？其实很简单，当一个人忽然受到他人威胁或攻击的时候，应该高昂起自己的头，和"敌人"进行眼神交流，直盯着对方，不眨眼睛。切记不能将视线转向一边或是双眼盯地。因为一旦这样，"敌人"就会认为你感到害怕、恐慌，理所当然，你就容易受到"敌人"的伤害。

随后，开始移动眼球、脑袋，同时保持肩和身体其他部位不动，把眼神逐渐从一个人转移到另一个人身上。如此一来，那些被你眼神"扫描"过的人，肯定会感到后背发凉了，这样就达到不战而屈人之兵的效果。

第三章 小动作也会出卖人

吐舌头是一种否定和拒绝的信号

　　午休的时候，几个学生凑在一起聊天。其中学生 A 提高声音说："最近我妈妈从日本回来，给我带了岚的亲笔签名 CD 哦！她还说，如果我这个月的月考能进前十名，就带我去看岚的演唱会！"另一个学生问："岚的演唱会门票不是很难买吗？""我家亲戚有渠道可以弄到！连签名 CD 也是我家亲戚在中间牵线的！我跟你们说哦，我还从我家亲戚那听到了不少关于岚的八卦哦……"其他几个学生听后，频频伸出了舌头，有些显得不耐烦，因为她们知道 A 又在吹牛了，根本就没有她口中所说的那位亲戚。

　　例子里，当其他学生听到 A 的吹牛后，频频伸出了舌头，但他们其实并没有爱伸舌头的毛病。他们的这个动作代表什么意思呢？

　　谈话过程中伸舌头是一种拒绝的信号。人在婴儿时期，还不能灵活地使用自己的手，更不会说话，都是由父母喂食。当婴儿

吃饱后不想吃时，就会把奶头或食物推出来。再大一点后，如果他们不喜欢某人，就会像儿时那样做鬼脸。此时，伸舌头也有拒绝、抵触的意思。

成年人当然不能对自己不喜欢的人做鬼脸，但吐舌头的表情还是会经常出现。当人们遇到麻烦事，或者被迫和不喜欢的对象聊天时，常常会在无意中做出这个动作。例如，当人感到厌烦时，会敷衍地说一声"哎"，然后伸伸舌头，或者仰仰头向前伸伸下巴。

有时候，在谈话的过程中一直沉默的人如果突然用舌头舔自己的嘴唇，这是发言前的一种准备，意思就是说："该我说话了。"

此外，在从事某项工作时，有的人会一直张着嘴伸着舌头，这个动作是自己非常投入的一个信号，同时也是一种拒绝打扰的信号，"请不要打扰我！"也有的人在做这个动作时，拒绝的意味没那么强烈，仅仅只是"请不要管我"的意思。

人一害羞就挠头

在我们受到他人的表扬时，比如，"你这身衣服好可爱！""你的字写得好漂亮！""你真善良，如果是我估计就不会这么做了！""你工作可真负责仔细！"我们常会因为害羞不自觉地挠头，虽然我们的头并不痒。我们为什么会在害羞的时候做出如此动作呢？

这种行为在心理学上称为"自我接触"。所谓自我接触，就是当内心一直紧张不安时，通过接触自己身体的某一部分缓解紧张情绪的一种行为。也就是说，当我们受到他人的赞扬时，我们是很高兴的，但又担心表现得过于明显，便通过挠头等接触自己身体的动作让内心稍微平静下来。

也许有人会有疑问：自我接触的定义中说的是通过接触自己身体的某一部分，为什么这部分一定是头呢？手或者脸不行吗？确实，按照定义所说，"自己身体的某一部分"应该是任何部位都可以，但"挠头代表害羞"很久以前就已经成了约定俗成的规定。所以，当人想向对方强调"我现在很害羞"的心情时，就会无意识地采用挠头这种方式。

被他人表扬后，如果表现出一脸理所当然、当之无愧的神情，肯定会遭到他人的不满，觉得你太过狂妄。但是如果你把"我很害羞"的心情用语言表达出来，又不太妥当。所以这时大多就会采用挠头的方式，向周围的人表达自己的害羞、不好意思的心情。

把头歪在一边表达顺从的态度

在日常生活中，我们会看到一些人习惯把头歪在一边。这类型的人一般比较温顺、依赖他人。当他们把头歪在一边时，传达的是一种顺从的态度。因此习惯把头歪向一边的人往往能很快消除他人对自己的戒心，融入新的环境中去。此外，由于社会的男女分工不同，男女对把头歪向一边也有着不同看法。一些性格刚强的男人不愿意歪头，因为他们认为这是一种屈服，而一些女性则喜欢通过歪头来获得他人的帮助。

在"第二次世界大战"刚刚结束的时候，美国 FBI 抓到了一名德国女间谍。这名女间谍受过专业的肢体训练，而且性格坚强，善于伪装，不是等闲之辈。

审讯不久，从美国 FBI 总部传来了一个消息。这名女间谍通过袖珍型的微型摄像机，拍摄到了美国某重要军事基地的军事信息和秘密武器资料。FBI 人员对这名女间谍进行了严格的审问，想从她的口中获得关于这些资料的信息。但三天天夜过去了，这名女间谍一口咬定袖珍型的摄影机不是自己的，自己也没有去过什么军事基地。

FBI 发现这次自己遇到了难缠的对手。他们暂停了这样的审讯，开始投入大量的精力研究微型摄像机和秘密资料上留下的指纹。经过不断的分析和对比，FBI 发现微型摄像机上残留的指纹和女间谍的指纹完全吻合。

FBI 对这名女间谍又展开了新的一轮指纹取证。虽然这名女间谍继续配合，但是当她知道残留在微型摄像机和秘密资料上的指纹与自己的指纹完全重合时，她的头不由得偏向了一边。FBI 捕捉到了这一细小动作，知道这间女间谍虽然表面平静，但是心理防线已经被攻破，开始表现顺从的态度。

正如 FBI 所料，在接下来的审讯中，这名女间谍没有再继续狡辩，而是把自己盗取美国秘密军事基地资料的计划全盘托出了。

例子里的 FBI 就是通过女间谍偏头这一细微的变化，读出了女间谍内心的心理变化，攻破了其心底的防线。

此外，点头可以和他人建立一种微妙的关系。当两个人处在交谈中时，如果一个人缓慢地点头，表示这个人对谈话的内容很感兴趣；如果一个人很快速地点头，则表示对谈话感到不耐烦；当谈到一件事时，如果一个人配合地点头，则表示这个人同意你的意见。

一个人如果摇头的幅度过大，则表示这个人急于否定某些事，而这些事中肯定存在着某些隐情。而如果一个人摇头的频率和幅度很小，则表示这个人对看到的和听到的存有一些怀疑。

在生活中，我们有时候会看到有些人在他人面前把头低成垂下的姿势。这种姿势传达出的是一种缺乏自信、不好的信号。所以在公众面前，尤其是在正式场合或演讲的时候，要尽量避免出现这种动作。当人们对听到的或看到的事情不满或持反对意见时，有时也会低下头。所以，当你在与他人的谈话中，不能轻易做这个动作，因为它会让对方误以为你不赞同谈话内容。

点头如捣蒜，说明他开始不耐烦

点头是最常见的身体语言之一，人们常用点头来表示同意，其实点头这一动作表达的含义非常丰富，例如赞赏和顺从，并且点头不仅表达自己的肯定态度，还可以激发对方的肯定态度，下面就让我们对点头这一动作做一番深入的理解。

如果你在发言时发现你的听众很频繁地快速点头，不要得意，因为对方并非就是赞同你的观点，他很可能是已经听得不耐烦了。对方想用这样的方式让你认为他已经完全接受了你的观点，继而尽快结束这次谈话。被父母唠叨的小孩子身上就经常能见到这样的动作。当父母说"你不能……"的时候，孩子会频频点头，嘴里叨念着"知道了，知道了"。这样的动作恐怕没有父母会认为他是真的愿意遵守规则。

相反，缓慢地点头动作表示聆听者对谈话内容很感兴趣。当对方表达观点时，聆听者这样的动作表达了对对方意见的重视，同时因为每次点头之间的间隔较大，还表现出一种若有所思的情态。这样的动作通常是在对方说话中，偶尔慢慢地点三下头。

除了赞赏，点头还可以表达尊敬、顺从的意思。这样的姿势在日本人中间最常见。比如当下级见到上级，或者晚辈见到长辈时，会弯下腰鞠躬，表示自己的谦卑和对对方的尊敬。而上级或者长辈则以微微点头回敬。实际上，点头就可以看作鞠躬的简化版姿势。就像一个人正准备鞠躬，而动作没有完全做出，只进行到头部就戛然而止。所以点头就象征性地表示了鞠躬所具有的含义。

点头动作还有一个魔力，那就是可以用自己的点头换取别人的点头。也就是说，当你希望对方同意你的观点时，你不妨在说话时自己先点点头。

因为点头的动作具有相当的感染力，如果有人对你点头，处于友好和礼貌，你通常也会向他回报以点头的动作。而你做出这个动作时并不代表你一定同意这个人所说的话。因此，在建立友善关系、赢得肯定意见与协作态度等方面，点头无疑是绝佳的手段。在跟别人谈话时，你可以尝试这样的方式。比如用一些反问句："你也是这样想的吧？"并且边说边点头，聆听者很有可能就会和你一起做出点头的动作，于是他的内心由此产生积极的情绪，从而使他很有可能赞成你的意见。

也许你会说，让对方点了头并不一定就能让对方真心接受你的意见。这是当然的，点头的动作不是玩魔术，而且也没有那种能完全控制对方内心的魔术。但是点头的动作的确能在人的心里形成积极的暗示。因为身体语言是人们的内在情感在无意识的情况下所做出的外在反应，所以，如果你怀有积极或者肯定的态度，那么你说话的时候就会频频点头。反过来，如果你刻意地做出点头的动作，内心同样会体验到积极的情绪。也就是说积极的情绪与点头的动作之间存在着双向因果关系，它们能够互相影响、互相激发。

看清否定、怀疑和讽刺

身体语言包含许多种方式，可以用于表达否定、怀疑和讽刺。

1.表示"不"的姿势

人们有许多表示"不"的姿势，比我们想象的要多得多。

（1）摇头：将头从一边转向另一边。这种说"不"的方式起源于婴幼儿时期，如果婴儿不想再继续吃奶，他就会将头转向一边，离开妈妈的乳房——这个姿势在全世界范围内都存在。然而，在一些国家，这一姿势只是将头突然转向一边，然后再次面向前方。

（2）晃动脑袋：这个动作有些令人困惑，看起来像是摇头。但是，有些国家的人用这个姿势来表示"是"。

（3）头猛然向后仰：头猛然向后仰。在欧洲一些国家，人们用这种方式表示"不"。然而，在非洲一些国家，同样是这一姿势，却表示"是"。

（4）轻抚下巴：头部向后倾，一只手指背面来回地轻抚下巴。这种说"不"的方式在意大利南部以及邻近的岛屿上非常普遍。

（5）摇手：一只手上举，手掌朝外，从一边迅速地向另一边摇动。在做这个手势的同时，人的脸上没有微笑，还可能会随之摇头。有的时候，人们在喧闹的房间里向对方做这个动作，是表示"我不要了，谢谢"的含义。在这一姿势的"夸张"版本中，双手交叉，掌心朝外，置于胸前。

（6）挥手：一些国家的人表示"不"的时候会举起右手，将手向侧面转，放在脸部前方，同时，从一边向另一边挥动前臂和手。

（7）摇食指：伸出一只手，掌心朝外，拇指和其余3根手指蜷缩，竖起食指，从一边向另一边摇动。摇食指这种手势，在世界范围内为人们所普遍使用，用来表示否定的意思。它意味着"不要那么做"，父母通常用这种手势训斥和告诫孩子。

2. 拒绝、反对

在会议或聚会上，如果某个人被其想极力回避的人强拖住谈话而感到厌烦的话，他很有可能会给出更加明显的拒绝信号，并非仅仅表现出没兴趣。而如果他做出下列动作和姿势，另一个人可能会意识到自己遭到了拒绝和反对：

（1）侧身，将头扭向一边。

（2）面无表情。

（3）目不转睛地凝视着中间距离的某个点，这样一来，对方就无法和他视线相对，也就难以将谈话继续下去。

（4）假装打哈欠或真正打哈欠。

（5）板着脸、撅着嘴，或者嗤之以鼻。

（6）坐立不安，拨弄手指或指甲，或剔牙，或者将指关节弄得咔咔作响。

（7）厌烦地摇头，或公开地表示不同意。

（8）转身离去。

3. 耸肩

我们往往会用耸肩这一动作表示"我不知道""我不明白""我没有办法"或"这不关我的事"等意思。当某个人感受到自己处于某种威胁之下的时候，尽管他并没有表现出任何反抗意见，但是会缩成

一团，完整的耸肩动作呈现出的就是这时候的样子。耸肩有好几个表现形式，下面的内容将描述其中的一些形式。

（1）将双肩缩在一起：这个猛然紧缩的动作非常常见，在缩紧双肩的同时，还会扬起眉毛，两边嘴角下拉，与此同时摊开双手，掌心向上。脑袋有可能会倾向某一侧。

（2）两边嘴角下拉：这个姿势是耸肩的简化版本。

（3）摊开两只手：掌心向上，手指微微弯曲，这种动作非常普遍。

（4）举起一只张开的手：举起的这只手掌心向外，与肩膀的高度齐平，两个肩膀微耸。

专家发现，当人们做出如下身体动作和表情时，常常表示怀疑和讽刺。

1. 不相信

在世界的不同地区，人们用各自的方式表明他们不相信某个人告诉他们的事情。

（1）抚摸喉咙：在南美洲，表示不相信的姿势是用食指上下反复抚摸喉咙。这个动作表明，来自于那个朋友喉咙的言辞都是废话，简直是在胡扯。

（2）用食指指着另一只手掌：将一只手展开，手掌向上，另一只手的食指指向掌心。这种姿势犹太人经常使用，意味着"如果你说的事情真的发生了，那么我的手就会长出草来"。

（3）拍打肘部：用一只手拍打另一只手臂的肘部，这个动作用于表达"不要相信或指望他"。

（4）转动眼珠：转动眼珠，露出大部分眼白，并扬起眉毛。

这个动作意味着"你会相信这件事吗",或者,当一个健忘的人又开始重复一个经常讲述的趣闻轶事的时候,这个动作表示"哦,瞧吧,他又开始了……"

（5）敲太阳穴:用手指轻轻叩击太阳穴,具体的位置各个国家有所不同,这个姿势意味着"他简直是疯了"。

2.讥笑

讥笑是嘲弄性的方式之一,具体有以下几种类型:

（1）扭曲的微笑:一边的嘴角被强有力地拉伸,以至于脸颊缩拢产生褶皱。这样一种不对称的微笑透露出一个人假装表示友好的赞同,事实上,当时他产生了敌意或在蔑视对方。在西方世界,人们会像这样表达自己的轻蔑。

（2）拇指指甲对拍:两个拇指的指甲相互轻轻碰撞,就好像拍手的微型缩影一样。在拉丁美洲等地,这是鼓掌喝彩嘲弄性的一种形式。当预期的事情在现实中正常发生时,人们往往会用这种姿势。

（3）缩拢的手:将缩拢的手降低,且仅降低一次,是一种讽刺性方式。

在平时的生活中,只要我们多多关注对方是否有以上这些小动作,就可以知道对方是否有否定、怀疑和讽刺这些情绪了。

第四章　穿着泄露内心的秘密

工作中穿着女性化服装的人内在具有男性化的特征

大文豪郭沫若曾说过："衣服是文化的表征，衣服是思想的形象。"意思是说人可以通过衣着打扮来向外界展示自己。一个人想要让别人对自己产生什么印象，就会按自己心中设定的角色来选择衣服，而作为观察者，就不难从对方精心挑选的衣服中读出他的心理状况、审美观点等。

例如，在工作中的穿着就可以体现出一个人的职场心理。一般来说，很多企业都有一些穿着的规定，要求男女都着正装上班。男士穿西装套服，女士穿职业套装，分为裙装和裤装。如果一个女性工作时选择穿裙装职业服，说明她生活中也喜欢穿裙装等女性化的服装，她是把自己视为女性来投入工作，她有时会积极运用女性特质，获取职场上的便利。她们看似柔弱温和，但其实有冷静透彻地分析整件事以求得生存的特点，而且也知道在适当的时候表现出女性的角色特点，以促进自己职业的发展。这样的女性，和外表显现的很不一样，其实是内在具有男性化特质的人。

相反，那些选择穿裤装的女性职业者，恰好是想隐藏自己的女性特质。她们为了隐藏而穿着严谨的套装。这类女性离开工作场合后，神经就会放轻松，就会解除对自己的限制，恢复自己女性化的穿着，行为举止也会变得女性化。

还有一些女性穿男性化的服装，是受控于想变得较男性化的心理——她们想要像男性一样工作，而且希望同事、领导、客户等人能够不要把自己看成女人，不要以为自己是以撒娇示弱来换取职场的胜利的，希望别人看到并承认自己的实力。所以，她们把自己装扮得很男性化，也用男人的标准来要求自己。这样的女人有很强的事业心，她们对工作充满热情，而且积极向上，有自己的主张，而且喜欢并敢于同别人竞争。不过，好强的她们总是对自己要求十分严格，缺少灵活性，经常因为太过自我和强势而与别人发生冲突。

根据员工在工作中的穿着，推断他们的性格特点和优势所在，然后合理地发挥他们的特长，规避碰触他们的心理禁忌，那么这个管理者就可以成功地人尽其用，发挥好每个员工的才能了。

穿迷你短裙的女人对自己的身材信心满满

"没有最瘦，只有更瘦"的审美风潮长盛不衰，无论是欧美超模，还是日韩小清新，全世界范围内走红的都是"纤细"的美女。没有一点儿肥肉的她们自然敢挑战曲线毕露的衣服，尤其是一穿上迷你短裙，美好的身体线条尽现。

当然，民间也到处有身着迷你短裙、身材窈窕的美女。春天还没过完，她们就迫不及待地露出自己纤细的长腿了。这些女人对自己的身体线条很有信心，自我表现欲强，总是生怕别人没看到苗条的自己，信心满满的她们，究竟有什么样的内心状态呢？

据有关学者研究，任何人都有自己与外界隔绝的感觉，这种隔绝的感觉称为"身体形象界限"。最基本的界限是皮肤，穿着衣服之后，衣服也变成了界限，所以可以称为"第二层皮肤"。随着衣服和皮肤的贴身程度增强，界限感就更加强化了，所以，那些穿着贴身迷你短裙的女人，看上去对自己的身材信心满满，到处散发自己的女人味，其实有更强的界限感，当她们褪下衣服后，可能会陷入不安的感觉。

而那些不考虑身材而穿着宽松舒适服装的人，身体形象界限感较薄弱一点，他们一方面稳守自己的价值观，另一方面也能有良好的人际关系。

界限感极其薄弱的人，很难感觉得到自己和他人的不同，也很难掌握与他人间的距离，因而总是觉得不安，也不善于和人交往。

从穿不穿西装能看出男人的社会适应程度

我们经常会看到从事保险行业或者房地产行业的人，他们每一个都是西装革履、干净的白衬衣，即使只是一个小小的业务人员也从不马虎，为什么他们不会像其他公司的员工一样穿着休闲装上班呢？其实这就是职业形象。一个人的职业影响着他的职业形象，反过来一个人的职业形象也影响着他的职业发展选择。很多男人认为庄重正式的穿着会显得他们更加专业，从而让人自然对他们产生一种信任感，所以，他们为了增强职业感和可信度，就会穿着正规的西装，尤其是保险、房地产、银行等极其看重客户的信任的行业从业人员。

有些男人很聪明，他们知道形象的价值，你的外在形象直接决定了你在他人心中的印象，想要无形中说服他听信于你，就要在服装外观等方面下功夫。的确，人们总是愿意信任穿西装、打领带的人，而不愿意相信那些穿着随意、看上去邋遢不羁的人。实验发现，十字路口信号灯为红灯时，穿着西装的人一旦穿越马路，其他人也会跟着开始穿越马路；而穿短夹克的人穿越马路时，其他人却不会跟从。人就是拥有这种被称为社会势力的能力，一个人即使没有什么内涵，只要穿得像样，就会让人觉得有权威与正当性。所以说，穿西装打领带的人懂得利用服装影响他人，他们的个性往往都很强，会通过别人的反应来控制自己的衣着打扮和行为举止。

一个人如果总是穿着西装，也会强化自己的职业意识，认为身为上班族，就要穿西装。形成这种意识的人一本正经，死板不易变通，缺少情趣，不敢创新，也不冒进，他们总是会避免和别人不同，规避"树大招风"的风险。

有些人不穿西装，坚持自己的个性，按照自己的想法将西装裤搭配不同颜色的外套，总是会尽力地保持新鲜感和独特性。他们认为能力与服装无关，对工作充满自信，不害怕他人的竞争，敢于秀自己。而且，他们在工作中也坚持以自我为中心，不受条框的限制，尽力把工作做到最好。

身穿同一名牌的人大多是完美主义者

现在有很多上班族对名牌服装、名牌包等趋之若鹜，宁愿吃泡面度日也要省下钱来让自己拥有更多的名牌。同样，他们在选择工作时最关心的是某个公司是不是世界五百强，选择男女朋友的时候最关心的是对方的家庭背景和高学历。名牌大学、名牌公司和名牌服装一样，都是上流社会的标志，追求名牌则是想要跻身上流社会的一种表现。有的人追求名牌服饰，用各种名牌来包装自己，是为了让自己看起来生活富裕而且很有品位。喜欢追求名牌的人在工作中通常也有很强的竞争意识，他们明白，用名牌来包装自己只是进入上流社会的第一步，关键还是工作表现。他们不满足于仅仅拥有光鲜的外表，永远不会安于现状，不甘落于人后，因此会拼命工作，争取早日晋升，从而获得更高的地位和经济条件。

然而，追求名牌的人也不是对所有名牌都感兴趣，他们总是会有自己偏爱的名牌，有的人专一地追求一个名牌，而有的喜欢很多个名牌。从他们对名牌的态度，也可以看出他们的性格特点。

对某一个名牌十分热爱的人，身上穿戴的全部都是此品牌的东西，他们是非常讲究的完美主义者，心中有自己的标准，而且不轻易改变。这种完美主义者由于太注意细节，有时会显得吹毛求疵，与他人接触时总留下挑剔、不好相处的印象，不过，他们是能够自得其乐的人，具有忍受孤独环境的优点，即使人际关系不好，他们也不会觉得有什么大不了。而且，他能接受的人，必定是能满足他自我陶醉欲望的人，对方必须给自己高度评价，否则，两人不能成为朋友。

而那些对名牌没有什么癖好，拥有数种品牌的人，不是真正讲究穿着的人，他们不关心全身上下的风格品位是否一致，只是把名牌披挂在身上而已。这些人其实无法客观地看待自己，他们只是为了跟上流行风潮，害怕被人看不起，而且，他们甚至会以为选择越多的高级品，就会被认为越有品位越富贵。从另外一方面来讲，这样的人很能接纳新鲜事物，他们不会局限于自己或别人的标准中，感觉很敏锐，行动也很敏捷。

有些人完全不穿戴名牌，他们对打扮相当有心得，也是追求自我原创性的人。他们具有创造力的性格，对自己信心满满，认为自己不依赖名牌也能提升品位。他们不在意别人的眼光，只坚持自己的生存方式与价值观。

在家里一整天都穿着睡衣的人自我封闭倾向强

社会赋予每个人一定的社会角色，人们在公共场合被要求表现出符合特定角色期待的行为，尽量隐藏自己的个性，而在家里或是自己房间里时，则可以卸下伪装，放松下来，做真实的自己，一般人在家里的着装和上班与外出时穿的不一样，但也有人即使在家也穿戴整齐。不同的居家穿着反映不同的心理，可以反映一个人内心的防备程度。

很多人只要在家里就会一整天地穿着睡衣，非常享受在家休息的悠闲时光，这样的人通常比较会享受生活，把工作和生活分得很清楚，上班时间穿着干净利落的职业装，全身心投入工作，休息日就应该享受生活，换上柔软舒适的睡衣，悠闲地做点自己的事情。也有的人总觉得自己在勉强地过着社会的生活，承受着沉重的压力，因此想借着假日一整天都穿着睡衣，为自己取得一点平衡。这类人多是内向型的。他们常常以自我为中心，而不能走进其他人的生活圈子里。他们有时候很孤独，也想和别人交往，但在与人交往中，又总会出现许多的不如意，所以到最后还是以失败而告终。他们多半没有什么朋友，可一旦有，就会是非常要好的。他们的性格中害羞、胆怯的成分比较多，不太喜欢主动接近别人，也不易被人接近，他们对团体活动通常是没有兴趣的。他们平常虽然会和人往来，但心底希望一个人照自己的想法生活，是自我封闭倾向强的人。

有些人喜欢在家里穿着两件式针织紧身内衣，让自己处于完全不受拘束的状态。这些人对自己与对外人态度落差极大，不善于转换情绪，只能以服装的大改变来作为补偿。穿着紧身内衣不太方便与人接触，所以他们回家后就基本不会外出了，而且除了特别亲近的人以外，也不会让别人看到自己的这个穿着。这种人性格也比较孤僻，不喜欢出门，比较喜欢自己一个人窝在家。

相比起来，在家里都穿着牛仔裤和T恤的人，对衣着更花心思，性格更开朗外向，喜欢社交，他们即使在自己家里，也不会显得太随便太邋遢。此外，这样穿着即使临时需要出门或者有人来访也不需要换衣服，无碍于与他人碰面，说明这些人内心可能期待与人接触，即使在家休息的日子也不例外。这种可以顺应各种情况的服装，自然呈现出这种人很懂得变通的性格。

还有一些人即使是在自己家里，仍然穿着衬衫、裙子等正式的服装，头发也像平时一样梳整齐，不会乱蓬蓬的。毋庸置疑，他们是很讲究打扮的人，以深层心理来看的话，是常常对外人摆出姿态，一整天都不会有无精打采的样子。因为这类人的个性是"不让别人看到自己没防备的样子"，所以很难跟人毫无隔阂地融洽交往。同时，他们对于不喜欢的人，不会直接表现出嫌恶的态度，反而会笑容可亲地对待人。一般人对他们的评价是"很有修养的人"。然而，他们的外在或心里都对人很不安。因此，或许是为了显现自己比其他人更优越，所以在服装上更加讲究也说不定。

T恤上的文字和图案表达出的内心

T恤是男女老少皆宜的服装，是夏日里最普遍而且最受欢迎的衣服。它不仅吸汗功能好，还能起到美观作用，成为个性的公众告示牌，穿者可以任意在上面留下或记录各种情绪和想法。所以，一个人选择T恤不是一个无意识的举动，他选择什么样的T恤，就可以直观地体现出他具有什么样的性格、追求什么样的个性。

习惯于选择没有花样的白色T恤的人，多是一些自己比较独立的人，他们不会轻易地向世俗潮流低头。他们一般都会具有一定程度的叛逆性，但表现的形式往往不是特别明显与恰当。

喜欢选择没有花样的彩色T恤的人，自我表现欲望并不是十分强烈，他们甚至可以甘于平庸和普通，做一个默默无闻的人。他们多数比较内向，不喜欢张扬，而且富有同情心，在自己能力许可的范围内，会去关心和帮助他人。

喜欢在T恤上印有自己名字的人，思想多数是比较开放和时尚前卫的，能够很轻松地接受一些新鲜的事物，他们对一些陈旧迂腐的老观念多是持一种排斥的态度。他们的性格比较外向，喜欢结交朋友，为人比较真诚和热情，所以通常会有良好而又不错的人际关系。他们的自信心还是挺强的，有一定的随机应变能力，在不同的情况下，能够随机应变地做出应对策略。

喜欢T恤上印上各种明星的画像及与之有关的东西的人，多属于追星族，他们对那些人十分的崇拜，并且希望自己有朝一日能像他们一样。他们很乐于向别人表达自己的这种心理。

喜欢在T恤衫上印上一段幽默标语的人，多具有一定的幽默感，而且很聪慧。另外，他们也是具有很强的表现欲望的，希望能够引起别人的注意。

喜欢穿印有学校名称或大企业标志的T恤，这种类型的人一般比较希望他人知道自己的身份，并且对自己所在的单位和企业具有一定的感情。他们希望能够以此为载体，吸引一些志同道合的人。

　　喜欢穿印有著名景点风景的 T 恤，这一类型的人对旅游总是很有兴趣的。他们的性格多是外向型的，对新鲜事物的接收能力很强，而且具有一定的冒险精神。他们的自我表现欲很强，希望把自己所知道的一切都传达给他人。

妆容背后的秘密

第五章

全身珠光宝气，是对自己没有信心的写照

佩戴首饰不仅是修饰外貌的方法，也带着很强的自我表现的意味。仔细观察就会发现，性格安静、内向的人和活泼外向的人选择的首饰类型会有明显的差别，因为他们想在人前呈现出的是完全不同的两种气质。专家通过大量观察研究，总结出了一些人们佩戴饰品的心理。

有的人喜欢佩戴闪耀光芒且引人注目的首饰，而且喜欢佩戴比较多的贵重首饰，打造自己很富贵的形象。这类人通常乐于向别人夸耀自己是属于上流社会的人。这种人多是好强争胜、力图向上的女性，追求金钱和权势。他们十分重视经济方面的因素，会因为经济状况

的改变而忧心忡忡，金钱可以使他们心绪安宁、带来安全感和满足感。其实，全身珠光宝气的人，恰恰是缺乏自信的人，需要借助华丽的首饰来增强自信，隐藏自己虚弱、胆怯的一面。

而那些完全不戴首饰的人，或是饰品非常简单朴实的人，通常对自己的想法与生活方式都非常坚定，不需要依赖首饰之类的饰品，呈现出来的也是原本的自我。虽然外表看起来有点保守拘谨，但他们不单单只是成熟稳重而已，内心也是非常坚强的。

喜欢戴手镯的人，多数是精力充沛、很有朝气和活力的。他们多是比较聪明和有智慧的，并且有某一方面的特长。他们是有追求、有理想的一群人，在绝大多数时候知道自己想要什么，并且会主动追求自己想要的东西，即使在感到迷茫时也不会轻言放弃，而是在行动过程中进行探索。

讲究衣着、重视整体搭配的人，常常会戴一枚小小的胸针。这样的人是相当重视自己在他人心中的形象的。他们在为人处世方面处处小心谨慎，不会贸然地做出某种决定。他们有一定的疑心，不会轻易地相信某一个人，即使是对非常要好的朋友，也是有一定保留的。他们希望自己能够引起别人的注意，但又总是习惯于用谦虚的态度来掩饰这种心理。

喜欢佩戴体积大、坠多、灿烂醒目的珠宝的人，多是爱表现自己、爱出风头的人。无论他们走到哪里，总会成为众人的焦点。他们比较热情，并且这种情绪还会传染给其他人。他们比较积极和乐观，爱幻想。

喜欢佩戴体积小、不太打眼的珠宝首饰的人，多为谦虚而又稳重的人。他们的内心多十分平静，在任何事情面前都能保持顺其自然的心态。他们一般不太希望引起他人的注意，随便、自然一些反倒更好。

所选择的装饰品具有很浓厚的民族风格的人，一般来说个性是相当鲜明的，他们总是有自己独特的思维和见解。

佩戴珠宝的部位暗示他希望别人注意的部位

首饰和服装都是身体语言的道具，但与服装不同的是，首饰是可有可无的装饰品。没有首饰并不要紧，如果添加首饰配件的话，则是希望增添魅力的表现。首饰具有吸引视线的作用，人们会将视线自然而然地落在对方佩戴有首饰的部位。佩戴首饰饰品的部位，通常是自己最喜欢的部位或是最珍惜的部位，不然就是最希望对方能看见的地方。

如果胸前佩戴着项链坠子，下意识的想法就是希望对方将目光放在自己胸前，如果想让人家注意耳朵就戴耳环，想让人家注意手部就戴上戒指。除非是比较亲密的关系，否则男性不可能直接盯着女性的身体看，但如果注视着饰物，就不会显得那么不自然。男性在佩戴饰品的女性面前，最好能称赞她的首饰，女性会因为对方注意到这些细节而感到高兴，两人的关系一定也会拉近许多。

不要认为喜欢佩戴珠宝的人都自信满满，喜欢在人前秀出自己，其实她们想要依靠珠宝饰品来提升自己的信心，引起他人的注意。所以，你要想让她对你有好感，千万不要忽视这些她佩戴的饰品，不要吝啬你的赞美，她会回应你的称赞，认为找到了与自己品位相符的同伴，因此与你拉近距离。

戴昂贵华丽项链的人内心孤傲

"颈部"是表现一个人自尊的部分，而戴在此部位的饰物就是项链，因此，可从项链得知一个人自尊心的强度。在现实生活中，我们常常会看见一些人佩戴项链，在这些人中，有男性也有女性，他们戴项链，不仅是在说明自己的自信心程度，还是想在打扮上借助饰物来彰显自己的个性。看一个人佩戴什么样的项链，也可以推断出这个人的性格。

有的人喜欢佩戴价值昂贵且式样华丽的项链。这种人性情孤傲，不喜欢和外人多打交道，自强自立，追求独立的生活，不屑于和任何人交往。他们还过分自信，认为自己是最优秀的，眼睛里很难容下别人。他们的自尊心也过强，很容易因为受到伤害而崩溃。并且，他们对异性会采取高压的态度，即便是很喜欢他们的异性，也很难和他们长久的生活。

相反，有的人选择佩戴简单的项链。这种人的感情世界非常丰富。他们心地善良，看到需要帮助的人，总是尽力去帮助，就算是自己帮助不了，也会为这些人或者事感到伤心或难过，有的时候甚至肯自我牺牲。他们的性格也很温柔，脾气很好，很少因为什么事而动怒。他们也喜欢浪漫，并且富有直觉性和艺术性。而且，虽然他们有很高的自尊心，却不会将它表现于外。不过，他们的性格不稳定，意志也不坚定，常受旁人左右而不易做出正确的判断。另外，他们也非常聪明，很有能力也很有自信，他们知道，即使自己不打扮，也是漂亮的，所以他们才喜欢戴样式简单、价值昂贵的项链。

有的人喜欢佩戴心形项链。这种人性格温和，憨厚老实。他们也比较保守，并且不论在哪方面都不善于表现自己。即便是恋爱时，他们也是属于热情内敛型。不过，一旦和他们深入交往，就会发现他们的可爱。这样的人，喜欢可信赖的异性。

有的人喜欢戴粗的黄金项链。这种人性格外向，比较开朗。他们重物质享受，对金钱或物质有着强烈的欲求，不在乎别人说自己拜金。他们的感情的起伏很激烈，一旦自尊心受到伤害，就会转而攻击对方。而且，不论男女，恋爱时也会提出很高的条件。和喜欢戴粗的黄金项链的人相似，有的人喜欢佩戴好几条项链串在一起。这种人的性格也比较外向，并且自信而乐观。他们也是过分注重外表，追求物质生活，有强烈的金钱欲望。不过，他们还有强烈的自我显示欲，可是多半的情形是自己的魅力不受周围人的理解，因此，处于欲求不满的状态中，牢骚满腹。

总之，不同的人喜欢佩戴不同的项链，通过观察人们佩戴的项链，可以发现他们各自都有怎样的性格。

在鼻子、眼角、嘴唇等部位穿孔的人表现自己与众不同

戴耳环的人很多，在耳朵上打孔，是为大多数人所接受的，而在身体其他部位打孔，例如在鼻子、眼角、嘴唇、舌头等部位打洞穿孔，很多人都接受不了。他们不仅不能接受自己在身上胡乱穿孔，也对那些有很多孔的人有所偏见，认为他们可能是叛逆的不良

少年。

其实，在耳朵之外的地方穿孔的人，并不像大家想象的那么恐怖。在身上打孔也是一种潮流，在20世纪80年代后期，广泛地流行于全球，尤其深受青春期少年的喜欢，这些乐意甚至喜欢在鼻子等部位穿洞的人们，究竟有什么样的心理倾向呢？

通过一些研究发现，这类人大概是出于以下几种心态而在各个部位打孔：有些是想要强调自己特别的存在，表现出自己与众不同的个性；有些是想要确认自己，并且向人展现自己是属于特殊阶级的，例如艺术家，或者是摇滚歌手；还有一些是为了表达自己对社会的反抗态度，社会不接受这种打孔行为，他们就偏偏要打孔，以示抗议。总而言之，在嘴唇四周、舌头、鼻子和脸颊等不适合打洞的部位穿环的人，宁愿忍受打洞的剧痛，也要不顾一切地打洞，因为他们不确定自己的存在，这样的内心痛苦促使他们感到强烈不安，于是希望能借由这种不协调与疼痛来确实感受到自己的存在，借以解除心中的不安。

戴粗框眼镜的人有强烈的"变身"欲望

眼镜最初是为了矫正近视或为了保护眼睛而使用的工具，但今天它早已超出了其原本的使用概念，成了具有多种功能且很有装饰意义的大众用品。眼镜除了矫正视力、过滤阳光、抵挡风沙等使用价值外，有的人戴眼镜，甚至就是为了美观或制造某种气质。有些人想要改变自己的形象气质，就会佩戴不同的眼镜。例如，一个人很想变得更有知性味道，他就会学着那些知识分子的样子，佩戴金属细框眼镜；一个人想变得时尚前卫，就会佩戴那些夸张的粗框眼镜来显示自己的与众不同。

框架眼镜普遍具有修饰脸型的作用，不同的样式对脸型的修饰作用也不一样，戴上眼镜的同时也就改变了自己原来的面貌，从他人选择的眼镜样式中，可以大致解读其渴望改变自己的程度，以及他期许自己变成什么样子。

1.无框眼镜

无框眼镜对脸部形象的改变不大，因此戴无框眼镜的人，是尽量不改变原本面貌的人，也就是说对自己有相当程度的自信，很谨慎，不太重视装饰自己。

2.金属细框眼镜

虽然金属框眼镜没办法让形象有很大的改变，但却能达到"中庸"的标准。男性戴金属框眼镜通常会显得更为成熟稳重，希望当别人看他们的时候，认为他们除斯文之余，还有着学者的风范。女性戴金属框眼镜也会显得更加知性。有的女性，宁愿冒着给人死板印象的风险也要戴眼镜，只因为她们觉得自己戴上眼镜之后看上去很知性，在她们看来，知性比女人味更重要，或者说知性是另一种别具风味的女人味，至少在形象上要给人看起来具有知性的样子。

3. 粗框眼镜

而改变形象程度最高的是塑胶框眼镜，例如冲击力十足的黑色粗框眼镜。和使用其他镜框的人比起来，戴粗框眼镜的人有强烈的"变身"欲望，大胆而乐于改变，愿意尝试新鲜事物。

除了镜框的样式之外，不同形状的镜框也会给人不同的印象，镜框的形状同样能反映出"想呈现的自己"。正圆形或方形眼镜的很少，大多数都是在正方与正圆之间的过渡，而趋近于圆或方的程度正可以反映人的性格特点。

（1）戴椭圆形眼镜的人性格随和，不喜欢走极端，喜欢温和的风格，总是与他人步调一致，从不会反对他人以贯彻自己的主张。也有人会因为面对不同的人而改变想法，不坚持自己的意见，很优柔寡断。不过也有可能是完全反对任何事、自我主张强烈的人，因为讨厌这样的自己，所以戴上让人感觉柔和的眼镜。

机器猫漫画中的主人公"大雄"戴的眼镜镜框是正圆形的。"虽然功课不拿手、因为小差错而常常失败，但豁达开朗、人很好"，这种镜框的样式对他这样的角色非常适合。然而现实生活中很少看到会戴圆形眼镜的人，戴圆形眼镜的人是非常容易引起注意而且自以为是的人。因为对自身的独特性与原创性有强烈的感觉，所以喜好或价值观也会有所偏颇，对于任何事都有他独到的见解，对于人或事物有严格评断的倾向。

（2）对于戴方形眼镜的人而言，营造知性气质是非常重要的，对于知识性的事物怀有憧憬，是一本正经的内向性格。思考模式是以符合正统为基准，对事物看法倾向于"非黑即白"的二分法，容易被人形容成"一本正经""说一不二"。

戴墨镜隐藏自己

有些人近视了也不戴眼镜，觉得戴眼镜麻烦、影响美观，怕被人家取笑为"四眼狗"，他们即使要戴，也只会戴不影响外观的隐形眼镜；而有些人没有近视也喜欢戴上各种眼镜，粗框的、无镜片的、豹纹框的、美瞳眼镜……各式各样，应有尽有。其实，从心理层面来看，戴眼镜或不戴眼镜的差别，可以用是否为原本面貌或是否为接近原来的面貌的差异来考虑。

那些有近视但是只愿意戴隐形眼镜的人，大多是不想改变自己习惯的自我形象、讨厌改变给别人的印象的人。隐形眼镜能完全不改变真实面貌而矫正视力，所以戴隐形眼镜的人愿意坚持自己原本的面貌，保持自己最真实的人格与自我。

而那些十分喜欢戴眼镜的人，是积极改变的人，他们不介意改变原本相貌，甚至乐于以不同的形象示人。他们可能是对自己原本的面貌没信心或不喜欢，希望借着眼镜有所改变，也可能是对自己的内在很有信心，认为什么样的外貌都不能掩饰内在的光芒，所以敢于接受外在的改变。他们大多是不畏惧改变、积极向前、追求新鲜刺激、怀有高远志向的人。

还有一些人特别喜欢戴墨镜，墨镜多是深色的，佩戴者戴上以后别人不易看到他的眼睛。眼睛会显示出一个人的心理状态，人们戴上墨镜则表示想在对方面前隐藏自己，进一步来说更是一种防卫。例如，有些名人外出时，总喜欢戴上墨镜，以免被人们认出来；有些人眼睛有伤或者是睡眠不好导致黑眼圈严重、眼袋肿大等问题，就会戴上墨镜掩饰自己的眼部问题。这些人多是防范心理很重，不希望别人看见自己的隐私，希望与外人保持一定距离。另外，据美国的一项实验证明，在很多人面前说话时，戴墨镜就不会紧张。所以，那些即使眼睛没有什么问题，而且也没有被他人认出来的困扰，但仍然常常戴着墨镜的人，有可能是胆子小、不善于言辞、警惕性高而且心里没有底气的人。他们在人前总是很紧张，总是想隐藏自己的内心。戴上墨镜后，自己的眼睛被遮挡起来，之前的不安感就会大大减弱，而且自己的感情被墨镜"保护"起来的同时，还能随意看对方的眼睛，读取对方的感情，这种地位的转换能让人变得强势起来。还有一些人想借由戴上帅气的墨镜来加强自己的气场，这些人总是想让他人对自己出于畏惧而毕恭毕敬，于是总是用墨镜这样的小道具来增强自己的自信。

察言辨音知人心

第六章

说话时身体动作夸张的人性情飘忽不定

　　相信我们每个人都有几个这样的朋友：他们似乎总是充满热情，说话声音很大并且喜欢在说话的时候手舞足蹈，他们的意见或提议一般都会被接受。很多人认为他们是非常有魅力的，总是不知不觉地被他们吸引。那么，他们夸张的表达动作背后有什么样的含义呢？

　　身体动作夸张的人性情飘忽不定。这种类型的人之所以身体动作大因为他们有很强的控制欲，说话时夸张的手部动作表示他们极力想说服对方，要把自己的想法传达出去并希望对方同意。此外，他们太热衷于表达自己的思想感情以至于忽略了周围的一切，只沉浸在自己的想法中，他们没有意识到自己的动作有多么夸张。

　　陈先生是我们客户公司的一位负责人，我和同事都认为他非常有魅力，我们喜欢听他说话并常常在谈话中被他吸引，不只是眼睛还有我们的思想，我们会按照他的讲话去思考问题。其实，比陈先生精彩的谈话内容更显眼的是他洪亮的声音以及不停挥舞的手臂，交谈时，他配合语言做出的激励鼓舞的夸张动作，让我们在不知不觉中就同意了他提出的条件。

以上是一位公司职员讲述的身体动作夸张的人带给他的影响。他是被陈先生夸张的表达方式和丰富的肢体动作所感染，才会按照他的步调思维去思考问题。说话声音洪亮、身体动作夸张的人非常有热情，不被现有的规则所束缚，很容易感染人心。他在说话的时候让对方感觉到，他在毫无保留地传达自己的想法和感受。

但是，像陈先生这样的人由于有强烈的表达欲和控制欲，在发表观点的时候常常忽视周围的环境和周围人的感受。从一方面来看好在其有很强的说服力，善于表达，能把自己的热情充分发挥出来并传染给他人，所以即使没有考虑其他人的感受，其观点也会被人接受。从这点来看，毋庸置疑，其工作能力相当出色。

而从另一方面来看，这种类型的人一旦遇到不如意的事，比如沮丧、失落的时候，他们也会很直接地把这种情绪表达出来，他们失落伤心的样子会带给周围的人同样的感觉。但是，他们还拥有超强的恢复能力，也许他们都不会给你安慰的机会就已经摆脱了沮丧的心情，你会看到他们很快从愁眉苦脸变成了眉飞色舞的活跃状态。所以，从这一点上说，身体动作夸张的人性情都有点飘忽不定。

由于他们的表达方式直截了当，所以无论是开心还是难过，我们都很容易从他们的动作表情看出来，然而热情开朗的性格又使得他们的恢复力很强，往往这一刻还在沮丧，下一刻就信心百倍了，这种飘忽不定的性情使我们不容易揣摩他们的心情变化，只能被动地跟着他们的情绪走。

代词的使用很大程度上流露出他的真实想法

代词的使用很大程度上流露出的是使用者本身的真实想法。比如，如果代词"我"很少出现在作品里，说明作者在有意地把自己和这些文字分开。而如果整部作品里很少出现人称代词，那么，我们可以肯定地说这位作者对自己的作品不是非常满意，甚至他在怀疑自己的写作水平。

警察善于运用心理学去分析案件，他们发现受害人在陈述案发过程时，一般都是用代词"我"来代表自己，用"他"或者"她"来指代犯罪分子，而人称代词"我们"一般不会出现在案件陈述的过程中，因为这个词给人的感觉比较亲密，受害者当然不会对犯罪分子表示亲近了。尤其在绑架案、强奸案和一些暴力犯罪案件中，受害人绝不会把自己和犯罪分子称为"我们"。

在一起绑架案件中，警察找到被害者的男朋友了解情况，这位男士讲述了女朋友被绑架之前他们的经历："我们晚上 11 点从电影院出来……我们去附近吃宵夜……我们在餐厅碰到了几个老朋友……"几乎每一句话都有人称代词"我们"，但是他说的最后一句话却是"我就把她送回家了。"听到这句话以后，

警察推断他和受害人之间发生了不愉快的事情，因为陈述从亲密的"我们"变成了有点生疏的"我"和"她"，而不是"我们一起回家了""最后我们就回家了"等更美满的结尾。

　　用心理学分析对方说话中使用的人称代词就能准确地明白他的内心想法。例如，当一个人在陈述过程中多用"我"或"我们"时，说明他对自己讲述的内容很有把握、很自信。当一个人对陈述的事件不肯定时，他会下意识地避免提到自己，并且不得不提到"我们"时还会尽量避免牵扯到自己。

　　如果你问一个人是否喜欢你的提议时，他回答"我喜欢"就说明他是真的很喜欢你这个提议，如果他回答"不错"或是"你的想法很好"等他没有在回答中提到表示自己的代词，那就说明也许他不是很赞同你这个提议。通常，当一个人对某件事发表意见时，人称代词"我"是否出现可以看出这个人对这件事的满意程度，如果他说"我感觉"或者"我同意"等，可以推断出他认

真考虑了这件事并比较满意，如果他说"差不多"或"你做得不错"等不提及自己，有可能他只是在敷衍你或不喜欢你的做法。

所以说，代词的使用在很大程度上泄露了一个人的真实想法和感受。我们可以在平时的交谈中通过观察对方的代词使用情况判断其内心的真正想法。但需要注意的是，判断的时候要结合当时的环境情况，不要单凭一个代词就下定论。

听内容，更听声音

每次谈话实际上都会有两种对话产生：一种是使用文字，一种是使用声调。有时候这两者很契合，但通常并非如此。当你问对方："你觉得怎么样？"得到的回答是："挺好的。"你通常不会凭这句"挺好的"来判断他的感受，而会凭他的音调来判断他是否真的觉得很好，还是觉得一般或者不好。怎么样说话比说什么样的话更重要，因为我们的态度不是经由文字，而是经由讲话的声音表现出来。

有时候人们迫切需要自我表达，却不想直接说出来，例如"你伤害了我的感情""我好难过，我希望你能帮我减少痛苦""我的工作让我感到沮丧，我需要你来听我诉苦"。这些话你很少听到，但是你会从人们的音调中听出这样的讯息。对方会叹息、缓慢地说话、简短地回答问题，并以肢体语言——像是双眼垂视、死气沉沉的姿势，配合低沉无力的声调来表达。于是，你从中就能知道对方真正的情绪和态度。声调的作用很大，尤其是在电话、广播等看不到对方的交流形式中，通过电波，主持人的声音传到你的耳中，你从中可以得知主持人对所说内容的态度，他是赞成还是怀疑，他是喜欢还是厌恶，他是热情还是冷淡，你都能得知。所以，即使看不到模样，电台主播们还是以他们的声音征服了很多听众。

声音的重要性远远超过了言词，而在交流中我们往往要回答对方的问题，于是我们通常把注意力放在言词，而非声音上。这是片面的，只有仔细聆听对方说话的声音，才能丰富言词的含意。

一个放大说话音量的人，通常有控制环境的目的。说话大声是独断、强制且具威胁性的行为，所以想支配或控制他人之人，讲话通常很大声。大部分人认为说话大声、低沉是自信的表现，但有些人大吼大叫，是因为害怕如果轻声细语，没有人会听得见。

说话小声的人一开始可能会被认为缺乏信心或优柔寡断，但是小心别上当。轻柔的声音可能反映出平静的自信，说话者认为没有必要支配谈话。要是对方说话总是轻声细语，请注意抑扬顿挫之处是否适当。当在场的人听不清楚的时候，他是否努力放大音量？如果不是，也许他不够细心，不能体贴别人，或者骄傲自大。如果持续轻声细语伴随着不舒服的肢体语言，像缺乏眼神接触、转过身去或撇过脸，这些就是不舒服的象征以及自信心缺乏的表现。

说话一向很快的人，对于事情的评估和判断通常也很快，因此他们常常不假思索就做出判断。有些人说话快则是为了掩饰内心的不安，这种人会有自卑的反应，比如紧张兮兮，或是刻意引起别人的注意。也有些人在以一般速度闲聊一阵子之后，发现谎言很难编下去，于是说话就愈来愈快，企图对谎言加以解释。

说话一直都很慢的人也许是身体或心理有障碍，如果对方是因为心理有障碍而说话慢，会伴随着无法表达意见的反应。而要是因为身体障碍而说话慢，你只要和对方谈上几分钟，就能看出来。教师、演讲者以及经常要对大众说话的人，有时会故意放慢说话速度，让每个听众都听到他们的话，了解他们的意思。

　　说话结巴，如果不是由于先天身体障碍造成的话，通常是缺乏安全感、紧张或困惑所造成。但也有可能是说话者想准确表达自己的意思，而绞尽脑汁搜寻正确的字眼，或者有意暂停，好让对方有机会插话。

　　人的声音高低是天生的，但是人们通常会为了一些理由提高或降低声音。当特别害怕、高兴、痛苦、兴奋时，大多数的人声音会提高；有些人为了引诱别人，会明显地降低声音；当一个人伤心、沮丧或者疲倦时，声音也会降低。

　　在许多语言里，单凭音节或是对字句的强调，说话内容就会有全然不同的意思。我们大多问过别人：愿不愿意和我们到哪儿去？如果得到的是语气坚定的回答："好啊，没问题。"我们就知道对方接受了邀约，而如果对方以犹豫的语气说出同样的话，我们知道他接下来会说："但是……"如果你仔细聆听对方的语调，就能察觉语意是否完整。如果对方欲言又止，即使你无法猜出真正的意思，至少能感受到暧昧模糊之处，并提出适当的问题加以理清。

　　声音只能透露一部分的情感，如果配合对肢体语言和说话内容的观察，通常就能掌握对方真实的情绪。对方的声音、说话内容和肢体语言若协调一致，也就是在持续模式下，你就能轻易分析他的感觉，并预测他会对不同情况做出何种反应。要是声音与说话内容或身体语言相冲突，你就得依据一般模式推论可能的原因，以免妄下断语。例如，声音的强调通常伴随着肢体语言的强调。说话者强调某个字句时，可能会出现身体向前靠、点头或比手势的动作。因此，如果你能在倾听时，也注意观察肢体语言。这样一来，即使是细微的变化也难逃你的法眼，对方的任何一点小心思也能被你掌握。

回应慢半拍的人没有在听你说话

相信我们都遇到过这种情况：我们正兴奋地和别人夸夸其谈、唾液横飞，也以为对方被我们的精彩言论所吸引了。但是，对方的回应却是："啥？你说啥？……""什么？我刚刚没听清，你再说一遍……"你是不是感觉自己像个小丑一样，在唱着寂寞的独角戏？遇到这样回应慢半拍的听众，相信不管你的谈性有多高，你都没有兴致孤单地抱着剧本继续唱下去了。因为你心里十分清楚，他刚才绝对没有听你说话。

"啥？哦，那个啊……"这类句子都属于社交上的"自动防卫句型"，当对方说出这样反应慢半拍的话时，为了礼貌不使你感觉尴尬，他便使用这些句型来补救没有反应过来的停顿时间。虽然他本身并没有在听你说话，但对你他还是抱着尊重的态度的。无论他是想消磨你的时间还是为了给你留点面子，对着"一块走神的木头"唠叨，还是有些浪费感情和宝贵时间。现在就让我们一起来看看其他的几种"没在听你说话"的表现吧！

1. 打岔后东拉西扯

你的交谈对象绝对不是木头，他会频繁地和你互动。只是很奇怪，每次他打断你之后，都会和你东拉西扯，但是丢给你的话题和正事毫不相关。你简直难以应付。例如，你正和他讨论最近培训的一些问题，可是他却打断你并且兴冲冲地说："昨天我买了一个翡翠镯子，水头、颜色都很棒……""昨天我去游泳了，现在浑身疼痛啊！"这种人拥有跳跃性的思维，他常常把人带离主题，只谈自己想谈的话题。

2. 边看文件边听你说话

你的交谈对象很忙，他一边看一份文件，一边在听你说话。时不时还"嗯、啊、哦……"几声，其实，他多半没有听你说话。如果此时你有求于他，他也"嗯、啊"地答应了。事后你问起，他会十分肯定地说："我没说过啊。"别以为他是在狡辩，其实他根本没有听到你在说些什么。这是因为人类在讯息处理方面大多依赖视觉，因此，在他认真地看一份文件的时候，基本上不知道你在说什么。

3. 不停地深呼吸和唉声叹气

他的心里对话是这样的："呼——吸——呼——吸……我都快睡着了，他还在唠叨些什么呢？我一句也听不进去啊！""唉，简直是折磨，他还要唠叨多久呢？唉！他在说什么？"

4. 有点动静就东张西望

一根针掉地上了、有只蚊子飞过、窗外的刹车声……这些通通逃不过他的法眼，只要有一点风吹草动他的视线马上跟随着去了。看到这些，你还要继续说下去吗？他这样的状态表明随便什么事都比你说的话有趣。实际上，他真的很难专注听你说完，你是该把话筒交给他了。

5.眼神涣散

如果你的交谈对象开始出现目光无神、眼神涣散的状态，说明他已经筋疲力尽了，他甚至连假装听你说话的力气都没有了。他即使抬眼盯着你，也是直勾勾地，像是看静物而不是你。他觉得累了、无聊了，只想和你说"再见"。

所以当你的交谈对象出现以上这几种情况时，你就应该想到他可能已经厌烦了，或是根本没有在听你讲话。这个时候还是停下来比较好，既然对方没有听的意思，我们也不必浪费口舌了。

话题的转变暗藏玄机

在日常交谈中，谈话不可能永远像汽车在平原行驶一样那般顺畅，总会开始绕圈子或是转向，一时愣住、打岔或信口开河之类的情况偶会发生。这些情况的发生都不是自然而然的产物，而是谈话者精心操控的结果。留意谈话者不想谈论的话题，背后也许蕴藏着许多意义。

1.漫天闲扯，喋喋不休

漫天闲扯的人和转变话题以控制局面的人，喜欢漫无章法地从一个话题跳到另一个话题，说话时东拉西扯。这类型的人属于无法自我控制的人，通常他们的漫天闲扯是没有什么特殊动机的。

此种行为通常显示出说话者的困惑、紧张、无安全感及希望引人注目等。如果一个平常说话连贯且有条理的人开始东拉西扯，配合其肢体语言，你可以判断这个人是喝醉酒或极度困倦了。

2. 打岔

打岔是对一段好好的对话的致命伤。习惯打岔或在不当时机插嘴的人不但会扰乱谈话的进行，同时也会流露出其心理状态和个性。

若有人在不当时机打岔或是不断插嘴，说明此人可能是没有耐心、感到厌烦，或是对话题不感兴趣，或觉得谈话的步调太慢。这种行为有可能是蓄意的无礼表现，也有可能是受家庭背景和环境的影响，即如果家人们平时讲话也是七嘴八舌不注重谈话礼节的，也容易养成这种习惯。

若对方想扯进别的话题，也会用打岔来控制谈话的方向。他们的目的不在于倾听，而在于说服他人。如果对方打岔的频率越来越高或态度越来越热络，则表示你可能在不经意间触到了对方的某根神经。

爱打岔的人也有可能是想引起他人的注意。这种类型的人通常缺乏安全感或是极度自我，不懂得体谅他人。他们会毫不犹豫地挑起完全不相干的主题以便控制场面，或是在他人想要转换话题时，抓住现在的话题讲个没完。如果对方通过打岔导入另一个话题，则说明对方对目前所讲的话题有所回避。

3. 一时愣住，谈话暂停

如果你正和对方进行轻松的交谈，忽然你说了一些煽动性的、威胁或离题的事情，但是对方没有任何响应，谈话的节奏被打断了。这就是因为对方没料到你会说出这种话，一时思绪出轨，要花点时间才能应付。

短暂的停顿可能表示生气、挫折或嫌恶。这时对方需要短暂的停顿重新控制情绪。当对方生气时，可能会看到其脸上的怒气一闪而过，伴随着下巴一紧、轻蔑的眼神或是摇头的动作。对方感到挫折时，则可能会有叹气、转头、耸肩或其他的肢体动作。不过，暂时的停顿也有可能是对方想到了完全不相干的事，比如出门前是否把衣服收进来了，这时候对方的脸上会出现分心、凝视远方或肌肉松弛的神情。

所以，当对方突然愣住时，不能用另一个话题来填这个空当，而应该仔细观察对方的面孔、眼睛以及唇部来寻找线索，想想对方在停顿之前，你说了什么话。

4. 变更主题

当有人变更话题时，首先看看是不是他本人引起的话题，随着话题的进行失去了兴趣所以想弃掉，还是他打从一开始就想规避此话题。比如，如果一名妻子问丈夫是否想换一套房，如果丈夫的回答是："我是很想换一套房，但是你觉得我的工作够稳定吗？我的经济能力可以支付吗？"随着话题的开展，他提起自己的工作，试图转变话题。不过这个转变不仅自然，而是与原话题相关，说明丈夫还是愿意讨论这个问题的。

但是，如果丈夫不仅不讨论买房的问题，反而回答："别提房子的事了。我现在的工作都是磕磕碰碰的，能应付过去就很不错了。"然后开始大吐苦水，说关于工作的种种不顺心等问题。妻子从丈夫的反应里可能得出丈夫在蓄意躲避这个话题。

只要比较新旧话题，我们就可以判断出对方是不是在蓄意回避话题。而唯一的判断方法即是多听一会儿，不要贸然打断。如果对方聊了很久后没有回到原来的话题上，则说明对方可能在回避之前的问题。也可能是对方全神贯注在后一个话题上，而忘了之前的话题。你含蓄着将话题拉回原来的方向，如果对方有抗拒的反应，则说明对方之前转换话题是蓄意的。

总之，转换话题这个看似很平常的举动却蕴含着不少信息，在平时的生活中我们也能通过这些细节读懂对方。

名字还是昵称，疏远还是亲近

在语言的分类中，有一类语言被称为"礼貌用语"，比如"请""谢谢""您"等，我们使用这些语言来表现有礼貌。但是有些时候，这些礼貌用语反而让人不喜欢听到。比如一个很亲近的朋友忽然用"您""府上"这种冰冷的字眼称呼你，这种冷冰冰的称呼让你有种不知所措的感觉，你感受不到丝毫的亲近感。这样的称呼仿佛一下子就把你们之间的距离拉远了。

小莉进入单位的第一天，领导带她认识部门同事时，她非常恭敬地称对方为老师，

不少同事欣然接受。三个月过去了，有一天，部门的一位女同事递给小莉一份快递，小莉很有礼貌地说："谢谢您，老师。"这位女同事连忙摇头："大家是同事，你可别再叫我老师了，直接叫我名字就可以了。"

可见，称呼并不是简单地喊名字或使用尊称，它还体现着双方关系发展的程度。在人际交往中，可以根据他人对我们的称谓——名字、昵称或是尊称"您"，来判断彼此之间的亲近程度。下面让我们学习一下有关称呼的学问。

1. 称呼你的职务、头衔

如李经理、王主任、张总等。一般别人在称呼你的时候加上你的头衔，这表示他对你敬意有加，他重视你的地位，一般对权力和权威很难抗拒。这种称呼也是中规中矩的，是社交场合中最常见的一种称呼。

2. 称呼你的行业

如李老师、王会计、张律师等。如果你是个从事某些特定行业的人，这样称呼你的往往是你的同事，他和你保持着不远不近的距离，这样的人往往性格内向，略显拘谨。

3. 称呼你的名字

一般来说，初次见面就直呼你姓名的人比较少见，一般都是熟悉的朋友，大大咧咧地喊你的名字甚至昵称。如果对方是和你关系比较亲近的同事、邻居，他往往会在你的姓前加上"老、大、小"等前缀。这样的人往往性格开朗，爱说爱笑，对你的好感也毫不避讳。

4. 叫你的外号

如小泥鳅、小蚯蚓、开心果等，能这样称呼你的人，不是你的发小就是你的恋人。和你相处，他很轻松随意。尽管他装着对你毫不在乎，但其实在他的心里你才是最亲近的朋友。

中国的称呼礼仪可谓丰富多彩。在社交生活中，称呼除了体现人与人之间关系的亲疏远近之外，有时候还和具体的语言环境有关。如，不同的企业就有不同的称呼。一般来说，在欧美企业，无论是同事之间，还是上下级之间，一般都是互叫英文名字，即使是对上司甚至老板也是如此。如果别人用职务称呼你，反而会让你觉得别扭。而有些企业注重传统，企业文化比较正规严肃，大家可能会根据习惯，称呼你为"老师"。这个称呼还适用于文化气氛浓厚的单位，比如报社、电视台、文艺团体、文化馆等。这个称呼能表达出对学识、能力的认可和尊重，因此受到文化单位职业人的青睐。这样的称呼适用性很广，很多人在实在拿不定主意称呼你什么的时候，往往都会选择称呼你为"老师"。

掌握了这些知识，可以让我们少犯一些称呼错误，也让我们在工作和生活中更加得心应手，与人交往中不会因称呼不当而得罪他人。

说话夸张的人渴望与人交流

生活的语言要是用简单的颜色来划分，我们可以将它分为黑、白、灰三种。假设乐观的人用白色的语言："好极了""太棒了""相当完美""最美的"，悲观的人用黑色的语言："太糟糕了""太可悲了""失望透顶""最讨厌"等，那么剩下的灰色语言就是我们大部分人在日常生活中所应用的了。像黑、白这种极端的语言，由于没有中间过渡的灰色成分，我们把它称为夸张说法。

通过调查发现，说话夸张的人多是渴望与人交流的。

假设你在小区里遇到一个好用夸张说法的人，你说："天气不错啊！"他通常会接你一句："是啊，简直太棒了，从来没遇到过这么好的天气！"如果你和他聊起几年前你去看颈椎遇到了一个很讨厌的医生，那么他会说他碰到的医生比你遇到的糟糕一百倍。如果你表示知道一家火锅料理店很不错，他则表示他知道全世界最棒的火锅料理店在哪里。这种谈话过程让你痛苦无比，而他还没有意识到这一点。通常来说，好用夸张说法的人，往往缺乏安全感或是希望受到他人的注目。他们十分渴望与人交谈，也想控制谈话内容和谈话者的行为。他们往往会说："那家餐厅简直完美极了，你怎么不去尝尝？""那本书简直糟糕透顶，谁买它就是大傻瓜，你不会买吧？"

好用夸张说法的人喜欢用这些极端的字眼来描绘事物，像"完美极了""糟糕透顶"等。有时候，他们不是想控制他人，只是因为那是他们看待事物的方式。他们通过夸张的字眼引起你的注意，逼得你不得不听他们讲话，与他们交流。通常情况，我们都不喜欢和这些好用夸张说法的人聊天，觉得他们说话没边没沿。由于缺乏与人沟通交流，他们容易对生活产生不满，也急于告诉他人这一点，越夸张越惹人避之不及，越没有沟通越感觉无奈。于是，他们总像是生活遭遇了重大打击一样。其实，他们需要的往往是你能坐下来，安静地听他聊一聊。

爱打断他人话题的人，也是想引人注目、渴望与人交谈的一种人。他们内心缺乏安全感又渴望被人重视，他很想抢走别人的风采，要大家都听他讲话，成为众人瞩目的焦点。这种人极度自我，会东拉西扯地引导话题的走向。他们会挑起一个毫不相干的话题聊个没完没了，或者拉住一个话题不放以便控制聊天的场面。他们不会认真聆听你的谈话内容，不会专注于你所讲的每一个字，有时候听了你的话他乐得不得了，非要插一嘴不可，或者是在紧要关节和你来一场唇枪舌剑，让你十分懊恼。这样的人多半没有恶意，他们给人的印象永远是快人快语。实际上，他们只是对你的谈话内容不感兴趣，或者是渴望与你交流，期待你的重视。

所以下次遇到说话夸张的人，如果你很喜欢他，就多和他聊聊，因为渴望与人交流是这类人的特色。如果你不喜欢这个人，甚至有点讨厌，那就快点结束谈话吧，不然他会没完没了地和你说下去。

第七章 他人心 从兴趣揣测

喜欢威士忌的男人性格刚烈，野心勃勃

饮酒是人们在社交场合最为常见的应酬方式，它是人们沟通和联络感情以及解决问题的较好方式。

经调查发现，喜欢喝威士忌的人往往适应能力强，能充分采纳别人的意见。出人头地的愿望非常强，对待女性非常重视礼仪并表现亲切，会明确表达自己的心意。

除了威士忌外，还有很多酒受现代人的青睐。从对不同酒的偏好可以反映不同的心理。

有的人喜欢饮中国白酒。这种人，如果餐桌上没有白酒便索然无味。喜爱白酒者一般喜欢社交而又乐善好施。也有好好先生的一面，极在意对方的感受，易受吹捧，受人所托无法拒绝。对女性尤其表现得亲切，即使失败也不在意。在公司或职场中由于关照部属而深受部属们的爱戴，却很难获得领导的认可。在混乱的局面中能发挥卓越的能力。这种男性多半为了认同自己而愿为对自己的能力有极大期待的人奉献心力。虽然失败多，却也有大成就。

有的人喜欢饮洋酒。最近年轻男子中，饮洋酒的人已经越来越多。商店到处都有洋酒的陈列。用餐必定有洋酒，或约会中必喝洋酒的男性是极具个性的。这类男性喜欢追求豪华的生活，喜爱从事辉煌的工作，在服饰等方面却比较挑剔。他们中许多人有国外生活经验，也有些人则是崇尚新潮。

有的人喜欢饮鸡尾酒。这类喜好带点甜味的鸡尾酒者很少有豪饮型。与其说是喝鸡尾酒，不如说是感受那种气氛，或渴望与女性对谈。如果喜好辣味而非调味的鸡尾酒（如马丁尼酒），是具有男性气质的表现，在工作上能充分发挥自己的才能与个性，值得信赖。同时具有责任感，举止行为有分寸。而喝甘甜的鸡尾酒是不太喜爱酒精的男性，或渴望邀约女性感受饮酒的气氛，或期待借酒精缓和对方的情绪。如果向女性劝喝酒精度高或较为特殊的鸡尾酒，乃是暗自期待利用酒精，使女性无法做冷静的判断。跳舞前劝女方饮鸡尾酒的男性，通常希望和该女性有更深层次的交往。

有的人喜欢饮啤酒。根据美国社会调查研究所的调查显示，喝啤酒是表现轻松愉快的心情，渴望从苦闷的环境中获得释放。约会时喝啤酒的男性，通常想要表现最原始、最自然的自己。如果向同行的女性劝喝啤酒，是希望对方和自己有同样的心情，或内心期待愉快的交谈。既不矫揉造作也不爱慕虚荣，可称为安全型。如果喝特别指定品牌的啤酒，这种男性可要警戒。有些人会选择和其公司系统相关的啤酒，而有些人也会在啤酒的品牌上表现个人的特性。事实上各品牌的啤酒味道相差无几，特别指定品牌只是心理上的作用。选购外国啤酒的人性格上和洋酒派类似。

喜欢喝速溶咖啡的人有极强的时间观念

咖啡，从 16 世纪开始被欧洲人视作上流社会的高级饮品，如今已经是生活中的常见饮料，成为人们不可或缺的饮品。不同的是，每个人爱好的咖啡有差异，或是自己烹泡的速溶咖啡，或是咖啡厅里的现磨咖啡……

喜欢喝速溶咖啡的人具有极强的时间观念。他们喜欢集中时间做工作，并期望尽快看到成果。

选择自磨咖啡的人往往个性鲜明，追求独立自由，不喜欢受人摆布。他们勇气十足，喜欢尝试和挑战。尽管类似莽撞的行为让人担心，但他们却往往能用大胆征服周围的人，给别人留下深刻的印象。

选择喝电热器煮的咖啡的人忧患意识比较强，通常能在事情未发现前就做好准备。他们为人处世谨小慎微，在对自己有利害冲突的事情上绝不轻易越过雷池一步，但对于朋友和亲人十分热情，常在对方出现困难时，出手援助。

选择过虑咖啡的人是典型的完美主义者。他们对自己想拥有或已经拥有的特别关注，而且舍得投入，并要求实现最好、最完美。不过，现实中的他们难以得到期待的回报，应当学会降低自己的要求。

除了可以通过人们选择咖啡品种来判断一个人的个性外，人们拿咖啡的姿势，也是窥探个性信息的一条密道。通常，喝咖啡者持咖啡杯的手指位置，恰恰透露着个人的个性倾向。

1. 拇指与食指扣住杯耳，小指放在杯底

这类人是典型的优雅主义者。他们举止大方，富有魅力，常常吸引周围的异性，非常有人缘。在感情上，他们属于敢爱敢恨的典范，但这感情，来得快，去得也快。

这类人性格积极乐观，领悟力强，学习能力强，通常有极强的艺术天分。喜欢成为人们瞩目的焦点，总想将自己最性感、有吸引力的方面展现出来。

2. 拇指与食指紧扣杯耳，其他手指蜷起

这类人对自己很有信心，能够坚持自己的主张。他们对于自己喜好的事情或活动能够全身心地投入，并随时随地都能进入工作状态。他们理性、谨慎、大胆，具有极强应变能力、分析能力和判断力。

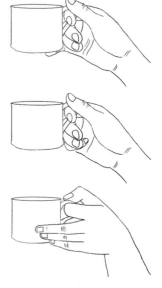

3. 拇指与食指扣住杯耳，其余手指伸直

这类人是外向主义者，活跃，喜好群体活动。但由于他们生活态度浮夸，轻佻，很难得到别人的信任。他们做事欠缺考虑，时常会出状况，且以谈论别人的隐私为兴趣，是让众人

头痛的人。

4. 直接用手握着咖啡杯

这类人聪明、脑筋敏捷，向往自由在的生活，凡事圆滑而有方法。但因内心始终存在对新鲜、刺激事物的追求，因此被各式各样的事情分散了精力。倘若他们能集中精力做喜好的事情，将成就远大的梦想，尤其是他们不拘于外界的想法，将让一切困难都得到较有弹性的解决。

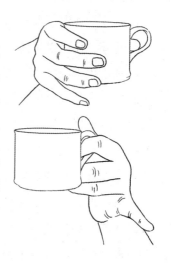

5. 拇指与食指扣住杯耳，小指向外伸直

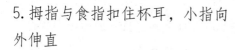

这类人性情温和，心思细腻，是善良而温顺的人。他们有极其敏感的情绪，容易受到外界影响。同时，不擅长表现自己的情感，尤其是在爱情上，更是十分被动，即使面对心仪的对象也会羞于将感情表达出来。由于温和的性格，他们颇能得到老板和朋友的信任。

虽然抽烟有害健康，但许多人照样抽烟。一般说来，吸烟人比不吸烟人的性格外向。外向型的人发闷时，需要尼古丁刺激，因而吸烟的可能性很大。外向型性格的人比内向型性格的人大脑皮层的觉醒度低，为了使大脑觉醒度达到最适合的程度，就会产生吸烟的欲望。在吸烟量和吸烟目的上也存在着性格差异。经过对大量的流行病学调查资料的统计处理后发现，重度吸烟者以外向型性格为多；中等度、轻度及非吸烟者，则外向性格减少，内向性格增多。外向型性格吸烟者多为追求烟草的兴奋作用，而内向性格吸烟者则多求其镇静效果。

此外，还可以从他们对香烟的态度上识别对方。

喜欢用烟嘴抽烟的人有非常强烈的表现欲望和虚荣心，这种人缺乏一定的安全感，所以要与别人保持一定的距离才会觉得比较自在。这样的人也没有十足的自信心，他们在很多时候会故意营造出一种假象，使自己看起来成熟老练一些，以混淆视听。

喜欢抽低焦油含量香烟的人，大多是懂得吸烟的害处，想把烟戒掉，但又控制不住自己，所以选择低焦油含量。这一类型的人缺乏必要的果断力，凡事不能不经思考便做出决定，总是想着要几者兼顾，不肯也不轻易地放弃什么，多打算采用居中的办法使事情得以解决。这种人的意志和信念并不坚定，在遇到挫折和磨难的时候，总能为自己找到许多理由和借口作为退路。

喜欢自己卷烟抽的人，一种是经济拮据的原因导致的，另一种是热衷于自己卷烟抽。这样的人大多具有耐性，但很固执，并不会轻易地接受别人的建议和劝告。

喜欢无过滤嘴香烟的人多为诚实可信之人，为人处世比较脚踏实地，人格魅力很突出。他们是很现实的人，不会把时间和精力放在一些没有意义的事情上面。但对于某件事不尽如人意的结果，他们也会感到深深的烦恼。

总之，一个人对烟的态度以及他选择抽何种类型的烟都反映了他的性格。

不同的宠物，不同的主人心

在我们的身边总是不乏爱猫爱狗的人士，而这些宠物也成为我们生活中很重要的一部分。如果仔细观察会发现，性格不同的人所选择的宠物也不太一样。每个人都喜欢与自己相似的人，每个人也都喜欢与自己相似的动物。人们倾向于喜爱与自己长得相像或者和自己共有某种性格气质的动物。过去，大多数人家里养狗，如今养猫的人也越来越多，我们可以从不同的宠物身上知道主人的心理特点。

喜欢猫的人内心向往慵懒而高贵的生活。猫和狗不同，它不会主动讨好你，如果你想逗它玩还得看它心情如何，它也不负责看家，偶尔捉捉老鼠，白天就在外面悠闲地散步或者干脆趴下来晒太阳，俨然一位骄傲的公主或者王子。喜欢猫的人也具有类似的性格特质。他们不喜欢奉承讨好别人、言不由衷，说话总是直来直去，不太懂得照顾别人的感受，带有几分忧郁的气质。与人交往时，他们表现得比较内向安静，不太善于和陌生人打交道，如果你对他们太热情，他们反而会讨厌你。他们对朋友的选择也很挑剔，他们的戒备心很强，很少有人能够走进他们的内心世界，因此身边的朋友不是很多，在他们看来，只要有一两个知心好友足矣。

生活方式上，他们希望拥有一份体面而轻松的工作，那种经常需要讨好别人、低声下气的工作，或者常常加班没有周末的工作都绝不是他们可以接受的。他们非常重视休闲生活和发展业余爱好，工作只是生活的一部分，为工作牺牲掉难得的周末时光是违背他们内心原则的事情。

与喜欢猫的人相比，喜欢狗的人通常性格外向，对待他人亲切热情。他们常常都开开心心地，和同事朋友相处融洽，也善于和人打交道，他们喜欢去热闹的地方和朋友在一起，一个人孤单地度日是他们最不能忍受的。

如今也有很多人喜欢养鱼，喜欢鱼的人也有独特的一面。大多数的鱼的记忆很短，只有几秒钟，当他们从鱼缸的一头游到另一头时，大概已经忘记自己曾经到过这个地方，一切又是崭新的。喜欢鱼的人也总是无忧无虑的样子，他们活在自己的小世界里，不容易受外界的刺激和诱惑，世俗的名利对他们来说并不重要，不会因为别人的大房子、进口轿车而羡慕。有时他们显得有些缺乏进取心，不喜欢竞争，但是如果你有这样的朋友，也千万别拿他和别人比较。他们通常安静而内向，或许不爱运动，但是有着天马行空的想象力。同样，他们不喜欢太热情的交往方式，但是他们会很真诚、很用心地对待朋友。

还有人喜欢养乌龟、蜥蜴等小动物。这类动物大多温驯可爱，总是慢吞吞的，常常在一个地方可以待上一两个小时，它们的身上有很厚的外壳。喜欢这类动物的人戒备心比较强，对别人的看法比较敏感，因此身边的朋友不是很多，和他们打交道要循序渐进，注意说话的分寸并且不要太热情。

喜欢听爵士乐的人内心向往自由

和喜欢乡村音乐的人相似，喜欢爵士乐的人，也比较感性。他们做事时，很多时候只是凭着自己的感觉，而忽略了客观实

际。比起喜欢乡村音乐的人来说，他们更喜欢自由自在的、无拘无束的生活，希望能够摆脱控制自己的一切。

喜欢爵士乐的人，非常崇尚自由。他们对生活往往是追求其丰富多彩，而讨厌一成不变的任何东西。他们的生活多是由很多不同的方面组成的，而这些方面又总是彼此矛盾着，从而给他们在表面罩上了一层神秘的面纱，使他们在人前永远具有十足的魅力。况且，爵士本来就是一种很"酷"的音乐，它是从街头小调上升为世纪古典音乐的。所以，爵士乐往往伴随着忧伤、暗淡、舒缓、怀旧、优雅，爵士乐用其独特魅力给人们带来一种感觉、一种体验。因此，喜欢爵士乐的人，是感性而细腻的。而感性的背后，就不喜欢被束缚。所以，喜欢爵士乐的人，不喜欢受到约束，总想摆脱束缚，喜欢我行我素，并且有一些荒唐的幻想。他们对自由空气的渴望往往比其他人更强烈，想尽一切办法摆脱外界强加在他们身上的无形枷锁，一旦他们感到压抑，就会不顾一切地逃离。

而且，爱好爵士乐的人，性格当中感性成分占的比例较大，很多事情都是凭一时头脑发热而去涉及，凭着自己的直觉去做，往往脱离客观实际。喜欢爵士乐的人追求新，讨厌一成不变，这也是比较感性的人的通病。而且，不管是什么事，他们一旦做久了，就会心生厌烦，渴望着改变。因为他们理想的生活是丰富多彩的，耳目一新是他们对生活的首要要求，他们不喜欢生活中深刻的东西，感觉对了就好，他们远不是一语道破天机的哲人。生活与理想相差太远，常常使他们有一种莫名的恐惧与难以化解的矛盾。即便如此，他们也不改初衷，永远追求不断变化与新奇的生活方式。

总之，喜欢爵士乐的人，其性格中感性的成分往往要多于理性，他们做事很多时候只是凭自己的感觉，他们喜欢自由自在的、无拘无束的生活。因此，喜欢爵士乐的人，是崇尚自由，不满现在的生活，渴望变化，凭直觉感受这个世界的人。而且，不同的音乐，代表着不同的性格。

比如，有的人喜欢歌剧。这样的人，性格中有很多比较保守、传统的成分，他们多是比较情绪化的人，但在大多数时候都懂得掌控自己的情绪，不会随便发作。他们做事比较认真、负责，对自己很苛刻，总是要求自己表现出最好的一面，努力做到至善至美。

有的人喜欢背景音乐。他们的想象力丰富，而他们的生活态度却有点脱离现实而富于幻想，这就使他们有许多必然的失望。不过还好，他们比较善于自我调节，能够重新面对生活，只不过幻想并没有减少。他们的感觉相当敏锐，往往能够在不经意间捕捉到许多东西。他们喜欢与人交往，哪怕是不熟悉的人。

有的人喜欢颓废音乐。这样的人，多有自卑感，他们的性格从某种程度上来说是较矛盾的。他们讨厌孤独和寂寞，渴望与人交往，但他们又很难与人建立起相对较好的交往关系。在这种情况下，他们会产生叛逆心理，颓废音乐正好使这种心理得到了满足。喜欢颓废音乐的人大多崇尚暴力，有自我毁灭的倾向。

有的人喜欢流行音乐。简单是流行音乐的主旨，这并不是说喜欢流行音乐的人都很简单，但至少他们在追求一种相对简单和自由自在的生活，而让自己轻松快乐一点。

总之，不同的音乐代表不同的性格，通过观察人们喜爱什么样的音乐类型和风格，可以判断他们有怎样的性格。

对乡村音乐情有独钟的人多感性敏感

曾有人对七十名来自不同地区的人进行访问调查，首先对他们的日常行为、人际交往等方面进行记录，总结出性格特点，然后请他们分别写出自己最喜欢的音乐，结果发现性格相似的人喜欢的音乐风格也很相似。每个人都有自己喜欢的音乐风格，如果你想迅速了解一个人，不妨和他聊聊音乐的话题。

比如，有人喜欢乡村音乐。乡村音乐出现于 20 世纪 20 年代，它来源于美国南方农业地区的民间音乐，最早受到英国传统民谣的影响而发展起来。它的曲调简单、节奏平稳，带有叙述性，很符合内心敏感的人们的脾胃。喜欢乡村音乐的人，多内心敏感。而且，他们的敏感度是非常高的，总是能够在不经意间捕捉到一些不同的感觉，这为他们带来快乐的同时也带来了苦恼。他们的性格比较脆弱，有的简直是不堪一击。梦想与现实的矛盾，欲情与理智的冲突，仿佛无法摆脱的网，束缚住其心灵。他们也渴望自由，因为被压抑，对自由的渴望更强烈，尤其是那敏感脆弱的心，无时无刻不想着突出重围，苦苦追寻中。乡村音乐给他们带来了曙光，使久久在黑暗中徘徊的心灵得到慰藉，让久被束缚的精神获得解脱。

喜欢乡村音乐的人，可以敏锐地把握社会的脉搏，对时代的发展有极强的感受能力。当他们静静地欣赏乡村音乐的时候，通过音乐，他们能感受到所处的整个时代。同时，歌声撩拨听者的那根敏感的心弦，在对歌声的回味中感受着幸与不幸、欢乐与忧伤、喜悦抑或悲哀。

除了乡村音乐，有的人喜欢听古典音乐。这样的人通常比较理性，遵循正统的规则和主流价值观，他们在很多时候要比一般人懂得如何进行自我反省、自我积累，从而留下对自己非常重要的东西，将那些可有可无的，甚至是一些糟粕的东西抛弃。这样的人大多很孤独，很少有人能够真正地走入他们的内心深处去了解和认识他们，所以音乐在一定程度上成了他们的心灵伙伴。

有的人喜欢摇滚乐。这样的人，有些愤世嫉俗，他们需要依靠听摇滚乐来宣泄自己心中的诸多情绪。他们很喜欢与一些自己志同道合的人交往，害怕孤单和寂寞。在与人交往时，他们不愿意受人摆布，喜欢张扬个性。工作上不愿意墨守成规，喜欢追求刺激的新鲜事物。喜欢摇滚乐的人通常也比较情绪化，容易被一时的情绪控制。

总之，音乐是全人类共通的语言之一，我们的生活离开了音乐会显得枯燥无味。或许每个人都曾有过被某一首音乐作品感动的经历。因为，音乐是一种纯感觉性的东西，喜欢听哪一类型的音乐，就表明他在这一方面的感觉比较好，而这种感觉很多时候又是与一个人的性格紧密相连的。

对舞蹈的喜好与性格紧密相连

跳舞是人类通过肢体语言进行沟通的方式，它超越了所有的文化，是社会化进程中相当重要的一环。舞蹈就像语言一样，不断演进，同时体现出社会的价值和历史变迁。一个人跳舞的方式和喜爱的舞蹈，比说话更能透露出一个人的个性，就如人可以用嘴撒一个谎，但是用跳舞来撒谎却是难上加难。

1.喜欢芭蕾舞的人

喜爱芭蕾舞的人，这种人一般多有很强的耐心，能够以最大限度的忍耐心把一件事情完成。他们也很遵守纪律，具有一定的组织性。他们有一定的理想和追求，常会为自己设定一些目标，然后努力地完成它们。除此以外，他们的创造性也是很突出的，常会有一些与传统背道而驰的惊人之作。

2.喜欢跳踢踏舞的人

喜欢踢踏舞的人，多数精力充沛，表现欲望强烈，希望能够引起别人的注意。在遭遇失败和磨难的时候，他们能够坚持下来，从而渡过难关。他们的时间观念比较强，时间对他们来说是宝贵的，不会轻易地浪费，而且他们能够随机应变地处理事情，在面对任何一件比较棘手的事情时，都能够保持沉着冷静，认真地思考应付的策略，懂得如何进退，以保全自己。

3.喜欢探戈的人

喜欢探戈的人，多是不甘于平庸的，他们总是追求生活的绚丽多彩，最好还要带有一些神秘性。他们很重视一个人的内涵和修养，他们认为，这可能是比其他任何东西都重要的。

4. 喜欢华尔兹的人

华尔兹是一种相当优雅、平衡感十足的舞蹈，喜欢这种舞蹈的人，多是十分沉着稳重，为人比较亲切、随和，有一定的社会经验和阅历的人。他们精通各种礼仪，捕捉着人与人之间十分微妙的关系。所以在为人处世、待人接物等方面，经过时间的磨炼和自我严格的要求，他们总会表现得十分得体、恰到好处，在无形之中流露出一种成熟而又高贵的气质和魅力。

5. 喜欢拉丁舞的人

拉丁舞包括了桑巴、恰恰、斗牛舞、牛仔舞等。喜爱这些舞蹈的人，大多是精力充沛而又魅力十足，他们有很强的自我表现愿望，希望能够吸引更多人的目光，而实际上，他们也很容易引起别人的关注。

6. 喜欢摇滚舞的人

喜欢摇滚舞的多是一些年轻人，毕竟这是一种需要耗费大量体力的舞蹈。无论是喜欢跳的还是只能喜欢而无法跳的，大多是充满了叛逆思想的人。摇滚往往更容易使人宣泄自己心中的不满情绪。喜爱跳摇滚舞的人，思想大多是比较时尚、前卫的。

7. 喜欢交际舞的人

喜欢交际舞的人，很乐意与人交往，对人与人之间那种相对频繁和友好的互动关系更是情有独钟。他们在为人处世方面多是

比较小心和谨慎的，而且具有较强的组织和创造能力。

8.喜欢爵士舞的人

爵士舞基本上属于一种即兴的舞蹈，喜欢这种舞蹈的人，多具有灵活的随机应变能力。他们在为人处世方面多不拘小节，只要能说得过去就可以了，而且具有一定的幽默感，这种幽默感并不是故意表现出来的，而是一种机智和智慧的自然流露。

总之，一个人热爱何种舞蹈，从中也可以看出他的性格。在生活中当我们想探究一个人的性格时，也可以从这方面着手。

读书与性格

读书不仅能增加一个人的知识和内涵，还能在某种程度上反映出一个人的性格和心理。从一个人喜爱看的书可以分析出其性格心理。

1.喜欢读言情小说的人

这种类型的人非常敏感，生性乐观，直觉敏锐，非常重感情，一般很快就能从失望中恢复过来。

2.喜欢看传记的人

这类人有好奇心重、谨慎、野心勃勃的性格。他们在做决定之前，一定会研究各种选择的利弊得失及可行性，绝对不会贸然行事。

3.喜欢看通俗读物的人

喜欢看诸如各类型街头小报、周刊、八卦杂志等的人，一般都富有同情心，乐观开朗，经常利用巧妙的言辞带给别人快乐。这种人总有源源不断的趣味性话题，经常成为办公室里或社交场合中颇受欢迎的人物。

4.喜欢浏览报纸及新闻杂志的人

大多属于意志坚强的现实主义者，且善于接受各种新生事物。

5.喜欢看漫画书的人

这类人一般都喜欢玩乐，无拘无束。

6.喜欢读侦探小说的人

勇于接受现实中的挑战，善于解决各种各样的问题。别人不敢挑战的难题，他们也愿意去应付。

7.喜欢看恐怖小说的人

多半因为生活太沉闷，使得他们想要寻找刺激及冒险。

8.喜欢读科幻小说的人

大多是有丰富的幻想力和创造性的人，多为科学技术所迷惑，喜欢为未来拟订计划。

9.喜欢翻阅财经杂志的人

多喜欢竞争，争强好胜。

10.喜欢读妇女杂志的女性

她们大都上进心强，希望自己成为女强人，希望自己脱颖而出。

11.喜欢读时尚杂志的人

非常在意自己的外貌，十分顾及面子，在日常生活中会尽力改变自己在别人心目中的形象。

12.喜欢读历史书籍的人

此类人富有创造力，不喜欢闲谈，宁愿花时间做一些有建设性的工作，而不想去参加无意义的社交活动。

从一个人的读书喜好也可以探得其性格。

"快乐脚"流露出心中的欢喜

脚还有快乐与悲伤之分吗？那么，"快乐脚"又是什么样子的呢？相信很多人会有这样的疑问。其实所谓"快乐脚"指的是高兴时双腿和双脚一起摆动或颤动。而这个我们平时并不少见。

比如某次歌唱比赛上，2号选手被宣布直接过关。他的表情很淡定，上半身也表现得很镇定。但是他的腿和脚却乐疯了，它们在不停地摆动和颤抖。事后过关采访验证了他的快乐，他兴奋得变了声音，不住地说：太好了，感谢大家！

大部分人对脚的动作不太关注，有人说双脚才是人身体上最真实的部分之一，它们真实地反映人的感觉、思想和感情。在我们所处的环境中，背离重力作用的行为每天都会走进我们的视线。例如，观察一下你身边悠闲打电话的人，如果他在听完电话后，把本来平放在地上的一只脚换了一种姿势，他的脚跟还处于着地的状态，脚掌和脚尖却向上翘了起来，脚尖指向天空方向。不要以为这样的动作稀松平常，其实，这表示打电话的人情绪不错，他正听到或者讲到什么让自己非常高兴的事。他的身体动作分明散布着这样的语言信息：棒极了，简直太好了！这种动作代表的心理状态和向上跳跃、欢呼是相似的。让我们看看其他传达快乐情绪的双脚吧！

颤动的双脚：如果你发现一个人的双脚在颤动或摆动，甚至他的衬衫和肩膀也会随着颤动，这是他心情大好的标志，这些细微的动作表明，他很轻松、愉悦、满足。很多人在听美妙的音乐时会抖动双脚，也是这个道理。

把玩鞋子的脚趾：做这个动作的以女性居多，当感到愉快的时候，女性常常会把玩鞋子，她们有时候会用脚趾将鞋子挑起再放下，如此反复。或者将鞋子挑起来摇晃。

恋爱的幸福双脚：如果你细心观察情侣桌下的腿脚，你会发现，他们会用脚部的接触或轻抚来表达彼此的好感，搓擦对方的双脚或用脚趾轻触对方。做这样的动作表明他们很舒适、心情愉悦。

交叉放松的双脚：你和朋友交谈得轻松愉快，你会发现，他改为双腿交叉的姿势站立了。这是他感到轻松愉快的标志。你们的关系很好，他可以卸下防备，完全放松下来。

总之，脚部传达的信号是诚实的，是很难作假的。"快乐脚"可以清楚地告诉我们主人的心情是高兴的。如果是求人办事，这个时候提出来成功的几率会很高哦。

有人就把"快乐脚"的知识运用在了招聘现场，通过"快乐脚"传递的信息直接看出了对方的决定。爱丽丝是一家跨国公司的人力资源主管，前几天她面试了一个应聘者，"当我告诉他我们需要应聘者常常去国外出差时，我发现他的脚不再保持安静，而是变得活跃起来，"爱丽丝说，"我想我看到的应该是"快乐脚"，事实上我猜对了，她确实很喜欢这种工作方式。但是，当我又告诉他出差去的最多的地方是非洲时，他的脚慢慢地恢复成安静的状态。看来他不喜欢那里，我问其原因，他对我能看出其想法表示惊讶并告诉我，他以为可以去的是东方国家，因为他喜欢那里的文化以及风景胜地。他不想去非洲，他的脚已经告诉我了。"

但是，"快乐脚"并不一定是快乐的。这个需要考虑到当时的具体环境，比如说一个患有帕金森病的老人，他的腿和脚始终处于颤抖的状态，我们当然不能说这是"快乐脚"行为了。另外前面也提到了，当一个人紧张或害怕的时候也会出现腿脚抖动的情形，这个也不是"快乐脚"。其次还有，如果一个人感到不耐烦的时候也会通过腿脚表现出来，例如长时间的无聊会议、不感兴趣的课程，会使身在其中的人产生厌烦的情绪，这时候观察他们的腿脚就会发现，他们的腿也是在摆动中，而当会议或课程临近结束的时候，他们的腿脚摆动频率会加快，这些行为并不是

"快乐脚"，只是他们表达不耐烦和希望事情快点结束的意思。

所以运用"快乐脚"的知识时，一定要结合当时的环境以及具体事情具体分析，不能盲目地归结到"快乐脚"上。

表明"我说了算"的站姿

平时我们看到一个人具有领导派头会说他或她的气场很强大，其实，除了从气场判断这个人的主宰欲外，我们也可以从他们的腿和脚上看出来。比如双腿分开就是一种展示权威和力量的典型动作。

双腿分开的姿势展现出开放或者支配的态度，即"我说了算"；双腿交叉的姿势则显示了保守、顺从或是戒备的态度，因为这种姿势象征着拒绝任何人接近自己。分开的双腿是为了凸显男人的雄性气概，而交叉的双腿则企图保护男人。如果一个男人在和另一个男人会面时，觉得对方不如自己强悍，那么展示胯部的站姿就显得非常合适；可如果他是和一个比自己强悍的男人打交道，这样的站姿就会让他显得争胜好斗，而且他自己也会感觉容易受到对方的攻击。甚至许多动物都用分开双腿的方式来标志地盘所有权。例如猩猩们全把双腿大大地分开，而谁占据的面积最大，谁就被视为最有支配权的首领，这样的较量方式可以让猩猩免受肉搏的伤痛。

当人们处于对峙状态时，就容易做出分开双腿的姿势，而且双腿分开的幅度会随着矛盾的激化而变大，如果想要尽快稳住局势，就要控制自己的双腿，尽量将两腿收拢，否则对方可能被我们分开的双腿而激怒。

也许你看到过下面这个情境：办公室里，一名女员工站在老板桌前，顺从地接受着老板的询问。这时，老板从椅子上站起来绕过桌子站在了女员工的面前，他双腿分开点了一根烟，而女员工脸上变得紧张起来，回答也显得不耐烦了，似乎想快点结束对话。老板因为对方的态度而不满，最后发展成一场争吵。

双腿分开的姿势一般来说是一个纯属男性专用的姿势，女性大都不会模仿。但男性如果在女人面前做出这个动作，将会产生非常不好的影响。当男人做出双腿分开的动作时，很多女人随即做出紧拢双腿的动作，或者双腿交叉。也就是说她们产生了防御心理。这样就很容易理解上述情境中的女员工为什么会不满了，因为老板的姿势让她们感到了威胁，这样就造成了双方之间的芥蒂，有时候甚至双方都不明白这芥蒂是怎么产生的。所以，在工作和一般的交往中，男性最好不要在女性面前做出这个姿势。

同样，同性之间也应该注意，男人们在做这个姿势时也是为了争取地位。尽管大部分男人都没有意识到这一点，但是双腿分开的姿势的确传达出了权力与地位的信息。通常情况下，这样的姿势在同性之间也会引起不安，如果一个男人分开自己的双腿，那么其他男人为了维持自己的原有地位，也会纷纷效仿这一姿势。尤其不要在你的上司面前做这个动作，因为会被当作一种挑衅。

当然，有些时候这个动作是有必要去做的，特别是当一个人想要表现威严或者树立威信的时候，这种"我说了算"的姿势可以帮助你达到想要的效果，因为它表现的就是一种绝对权力的形式。所以，希望那些女性执法人员可以效仿男性，把这种站姿运用到执法过程中，尤其是对那些不容易制服的人。

在日常生活中，总会有一些时候，人类会和动物一样，需要有专属于自己的领地。当领地一旦受到侵犯时，就会引起我们很强烈的反应，做出一些防御或抵抗的动作，比如面红耳赤、分开双腿。

表示想要告辞的腿部姿势

你在生活中肯定遇到过这样的情况：你急着去办一件事，在路上遇到一个熟人，他十分健谈，拉着你滔滔不绝地讲述他最近的旅游经历，而你要赶着去办事但又不好意思打断他。回想一下，这种时候你的腿保持的是什么样的姿势？很可能是做出了"稍息"的姿势，也就是用一条腿来支撑身体，这是一种意图信号，表示你想离开了。你也可能没注意到，这是一种下意识的动作，表现的恰恰是内心最真实的想法。

用一条腿支撑身体的重量的姿势有助于我们判断一个人当下的打算，因为休息的那条腿，脚尖所指的方向，往往是离他最近的出口位置。如果你在和他人谈话时发现，他改用了稍息姿势，那就表示他想结束谈话，他要告辞了。

除了稍息姿势，还有其他的身体语言表明谈话者想终止谈话、想要离开的意愿。

1.起跑者的姿势

起跑者的姿势也传达出想要离开的愿望。表达这种愿望的肢体语言包括身体前倾，双手分别放在两个膝盖上，或者身体前倾的同时两手分别抓住椅子的侧面，就像在赛跑中等待起跑的运动员一样。这时你如果注意观察他的双脚，通常是两腿前后分开，一只脚前脚掌着地，脚跟高高抬起。在你和别人交谈的过程中，只要你看到他做出这样的动作，这就是他想要离开的标志。他的身体分明在说：预备，脚踩在起跑线上，我要告辞了……

2. 两腿不停地换边

这种情形在开会时常见，通常他们的腿是交叠的，不停变换，一会这条腿压在了那条腿上，一会又按照相反的方向重复交叠。这是他们想要赶快结束，着急离开的标志。

3. 两腿交叉，手脚打拍子

两腿交叉合着手脚的拍子，显出了他们的焦急，他们的身体语言分明向你表明：快点吧，快点结束吧，我要走了。

以上是一些常见的动作，它们所表达出的意思就是要告辞了。但是，很多时候人们出于礼貌不会直接说想要离开，但他们的腿部语言不会说谎，如果你看不懂他们身体的这些"明示"，很可能会被归类在不识相的一族里！如果你发现对方这些硬撑下去的动作，那你要识趣一点。

从对方的腿部摆放姿势能看出他对你的好感度

在交往中我们总是希望能给对方留下一个好印象，那么，如何知道对方对我们的印象好坏呢？从对方的腿脚摆放姿势就可以知道他对你的好感度。

不管是经朋友介绍还是我们自己主动去认识一位新朋友时，

握手必不可免，这时候就可以从对方的反应中看出他是不是喜欢自己了，首先如果面对你的握手，他站在原地不动甚至稍稍后退一点，说明他不是太喜欢和你交往，这时候你也不要太热情地去追着对方攀谈了，因为这样只会惹来他的加倍讨厌。但是如果对方上前一步和你握手，那就说明他很喜欢和你相处并愿意交你这个朋友。

通过研究发现，女性坐在椅子或沙发上时，她们常用的腿部姿势主要分为这样3种，通过她们的这3种腿部姿势，我们就可以大致了解她们内心的一些秘密。其一，将一条腿曲放在另一条腿上，其膝盖朝向的那个人，往往就是她仰慕或喜欢的对象。一般来说，女性腿部采用此种姿势，表示其内心非常平静、安详、愉快，愿意与坐在自己对面的人进行交谈。其二，双腿微微张开或是一只腿放在另一只腿上，然后用脚去玩耍鞋子，有些时候还会把一只脚上的鞋子脱下来，然后再将脚伸进去穿上，并一连数次这样的动作。做出此种姿势的女性，其性格往往较为开朗、随和，与陌生人交谈从不拘束。虽然她们的这个动作看起来有点不雅，但实际上她们都是有较强自尊心的女性。其三，将双腿搭起来，此种姿势多出现于女性和某位陌生人首次见面时。一般来说，女性做出此种姿势既是她在所爱慕男性面前内心忐忑不安的显示，也是无意识或有意识地试图引起对方注意自己的一种表现手段。

除了腿部的姿势会泄漏女性内心的秘密以外，其脚部的具体姿势同样也会泄漏她们内心的一些秘密。如果一个女性将一只脚别在另一只脚的某个部位，这是一种防御性的姿势，以阻止别人，尤其是陌生人靠近自己。同时，此种姿势也表明这类女性性格较为内向、含蓄。在与人交往时，她们会显得较为拘泥、扭捏或胆怯。因而，如果你打算让她们主动去结识某人，其难度是非常大的。所以，要想和此类女性成为朋友，你就得采取积极主动的姿态，在与其交谈或相处的过程中，还应尽量消除其心头疑惑、紧张、不安的情绪。只有这样，她才可能真正接纳你。因此，通过观察女性的双腿可以知道她们是否喜欢你。

知道了这些，我们就能推断出刚认识的朋友对我们的印象如何了，也能知道周围的人是否真的喜欢和我们交谈。所以，不妨看看你对面的人，他的腿和脚现在是什么样的姿势呢？

双腿交叉可以传递多种信息

前面提到双腿叉开是典型的展示力量与权威的姿势。那么，双腿交叉又代表什么意思呢？心理学会告诉你，双腿叉开是自信不疑的表现；双腿交叉则是消极拒绝的表现。

双腿交叉的姿势不仅会传达出消极和戒备的情绪，它还会让一个人显得缺乏安全感，并且引发身边的其他人也相应地做出双腿交叉的姿势。

惯于将两腿交叉的人，总是将这个动作归因于寒冷，而不愿意承认自己在动作背后隐藏的紧张、焦虑或是戒备心理。也有很多人说，这么做只是因为感觉舒服。这种说法或许是真实的，当一个人缺乏安全感、产生戒备的心理时，交叉的双腿确实会让他感觉舒服，因为这样的动作吻合了他的情绪。请回想一下，当电梯里只有你一个人的时候，你有没有很自然地把双腿交叉在一起，而有人进来的时候，你会很快地收回腿并让它们都牢牢地立在地上。这时候，双腿似乎在向你传递一种信号，告诉你小心点，也许会有麻烦，赶紧站好做好准备。这也是一种对于陌生人下意识的防备。

但是，对于相熟的两个人来说，双腿交叉表达的则是另一种意思——放松和舒适。下面让我们听听一位员工的经历。

那是在我朋友的生日派对上，我认识了两个很有趣的朋友，一开始我以为他们两个也是刚认识，但是在接下来的交谈中，他们其中的一个人从双腿站立的姿势变成了双腿交叉，由于这种站姿使得全身重量放在了一只脚上，所以他的身体向另一个人的方向产生了轻微的倾斜。这时候我才想到也许他们早就认识了，经过我的询问，这个交叉双腿的人说他们确实是相识多年的老朋友了，并好奇我是怎么看出来的。我告诉他：是你的双腿提醒我的，如果是一个陌生人你不会交叉双腿并靠到他身上，这样做就说明你们彼此熟悉并相互信任，因为这是一种放松和舒适的站姿。

由此看出，在感到熟悉和自由的环境中，交叉的双腿就代表着舒适感。它会告诉我们彼此之间的关系很好，可以放松地交谈。所以，在与朋友谈话的时候，记得利用它消除隔阂，相信你们之间的交谈会更加融洽。

除了站着，人们在坐着时也有双腿交叉的时候，它也会给我们提供一些启示。如果两个人是并肩坐在一起，就要从双腿交叉

的方向上判断他们的关系很好。双腿交叉时，压在上面的那条腿指着对方，说明他们关系不错；假如压在上面的腿没有指向另一个人或者说它极力向自己靠拢，这就说明他不喜欢对方，他上面那条腿的膝盖像保卫自己领地的城墙，阻断了两人之间的联系。

还有，脚踝相扣也是双腿交叉的一种形式，它表现的信息是自我克制、紧张、恐惧等。大量的研究证实，这是一种努力控制和压抑消极、否定、紧张、恐惧，或是不安情绪的人体姿势。如果一个人做出此种姿势，则表明他在心里极力克制、压抑着自己的某种情绪。比如在法庭上，开庭之前，几乎所有的涉案人员就座在各自位置上，他们通常会双腿交叉，双脚相别。而在审判的过程中，被审人员为了减轻心中的压力和消除自己心头的恐惧、恐慌情绪，更会紧紧地将脚踝靠在一起。这就无疑显示了他们紧张、恐慌的心理。再如，面试时，如果你留心一下参加面试人员的脚部情况，你就会发现，很多人几乎都会做同样的姿势——把踝骨紧紧锁在一起。这个姿势就泄露了面试者心理情绪状态，即他们在努力克制自己的紧张、压抑、恐慌等情绪。此种情况下，为了帮助面试者控制好情绪，面试官就会暂时岔开主要话题，或者直接走到面试者旁边坐下，以拉近彼此间的距离，从而让其消除心头的压抑和紧张。如此一来，双方就能在一个相对轻松、友好的氛围中进行交流了。

综上所述，双腿交叉所表达的意思是多种多样的，应该根据当时的情况进行合理的推断，不能一味地认为交叉双腿的人是放松的或紧张的，这样容易使我们判断错误，从而影响彼此之间的交流。

跨骑椅子，是进攻也是防守

朋友们在平时闲聊的时候或者是在团队的讨论会上，常常可以看到一些男士跨骑在椅子上，他们趴在椅背上，双腿分开，双手垫在椅背顶端，有时候还喜欢把下巴搁在手背上。在大多数人看来，这种姿势或许只能说明这个人在发懒，或者对于大家的谈话漫不经心。甚至他们自己都觉得这没什么，只是为了坐得舒服一点而已。

但是，这个坐姿不能随便出现，它会对周围的人产生一些影响。尤其是女性，会把这种姿势视为非常粗鲁无礼的行为，因为当男性骑跨在椅子上时，两腿能够大角度地分开，非常彻底地展示胯部。除非是非常亲密的朋友之间，否则这样的姿势只会产生副作用。

汤姆和希尔是下任总经理的候选人，两人要合作完成一项公司项目。他们在办公室里商量。汤姆把椅背朝前，骑跨在椅子上，双手交叠俯在椅背上。希尔坐在一旁的凳子上，过了一会儿他站起来，用一种俯视的位置望着汤姆。两人最后的谈话不欢而散。

在这个情境中，汤姆和希尔既是合作者，又是竞争者。这样的微妙关系也体现在了两人的动作之中。汤姆摆出了一个骑跨椅子的造型，这个姿势显然让希尔感到了无形的压力，于是他选择站起来，为自己赢得一个居高临下的位置。

跨骑椅子，主要可以传递两种信息，即进攻和防守。首先，喜欢骑跨在椅子上的人通常都属于支配欲望很强的人，他们倾向于控制谈话，并习惯以自己的观点影响他人。所以，当他们发现双方的谈话没有按照他的预想进行时，就对此次谈话产生了厌烦的情绪，这个时候他们潜意识中的控制欲望就会支配着他使用一些身体语言来传达影响力。

不过，需要指明的是，并非所有喜欢骑跨椅子的人都是好浮夸的人，或者性格很张扬。相反，大部分这样的人行为很谨慎。在与对方的谈话中，如果他们产生了厌烦情绪，他们会很自然地从正常坐姿转换到骑跨椅子的坐姿，而谈话对象甚至都感觉不到这一变化。

其次，骑跨椅子也能为男性带来安全感，骑跨椅子的防守意味在这里体现出来，椅背充当了男性和外界不安全环境之间的屏障，就像过去战场上使用的盾牌，可以保护自己。而现在，人们在可能遭受攻击时，也会借用手边任何方便的物体当作象征性的盾牌，或者干脆就用自己的手掌挡在前面。比如我们在生活中经常看到这样的情景，当愤怒的母亲朝儿子发脾气时，孩子会不由自主地用手掌挡在自己的脸上，而实际上大多数时候母亲甚至都没有做出要"动手"的姿势。而椅背在一些时候也给人这样的安全感，就像盾牌一样，它的位置刚好为男性挡住了身体的要害部位，让他们在进攻中更加无所顾忌。

　　面对这样一个姿势，很多人会感到明显的胁迫。那么如何应对骑跨椅子的人呢？不妨学习上例中希尔的方法。站起来发表自己的见解，让自己的目光俯视这个骑跨在椅子上的人，并且逐渐靠近他的私人空间。这种居高临下的俯视动作会产生比骑跨椅子更大的威胁性，能够瓦解对方的士气。

　　还有一个简单的办法能够让骑跨椅子的人改变坐姿，那就是站在或者坐在他的身后。骑跨椅子的人会潜意识里觉得后背是弱点处，因为他既不能看到发生了什么，还没有遮挡之物。并且出于礼貌，也要求他面对着对方说话，所以他不得不改变坐姿。当一群人聚在一起谈话时，这一招非常奏效，因为骑跨椅子的人没法隐藏自己的后背，这一点强迫他必须采取其他坐姿。

　　男性明白跨骑椅子带给身边人的影响后，就要尽量避免出现这种坐姿，起码在不是特别亲密的人面前不这样跨骑椅子。相信很多人会因为你改掉这个习惯而改变对你的印象，因为他们从你身上感觉不到压迫了，自然会对你更友好。所以，喜欢跨骑椅子的人，请行动起来吧。

第九章 百变手势暗藏玄机

积极手和消极手

数百万年以前，人类的祖先就开始用双手来制造和使用工具。而人与动物最本质的区别就是会不会使用工具，它也使人类的地位高于动物。自此以后，人类便开始逐渐成为了万物的灵长。其实，人类的双手除了会制造和使用工具以外，还会协助有声语言来表情达意。

我们都知道人类的双手有左右之分，可是，你知道它们还有积极和消极之分吗？没错，确实是这样的，而分类的依据就是手部的动作。调查发现，人的双手通过积极或消极的动作能引起周围人同样的情绪。

调查人员将实验选在了纽约的某个学校里，他们随机挑选了100个学生，当然男女都有，然后把学生们分成了两组，目的是让他们相互访谈并做出比较。

访谈期间还有个要求，那就是其中一组学生在交谈过程中要把自己的双手放在桌子下面或者放在口袋里，总之不能让对方看到。而相反，另一组学生在交谈的时候要把自己的双手放在最明显的地方，并且要根据交谈内容做出相应的手势。

访谈时间进行了 30 分钟，最后调查人员对这些学生进行了调查，结果表明，学生们对那些把手藏起来的同学印象都不太好，因为藏起手的同学让他们感觉鬼鬼祟祟、畏首畏尾，而另一部分把手放在明处的同学让学生们感觉正直、友好，值得信任。

当然，这个实验或许没有科学道理，但可以让我们从中看到手部的动作确实影响着周围人的心理情绪。

积极的手部动作可以引起人们积极的反应。例如那些著名的演员、魔术师、演讲家等，他们大多会用手部的动作来帮助自己达到演出的效果。

同样地，消极的手部动作会给人带来消极的影响，就像那些把手藏起来谈话的学生。回想一下，当你和别人交谈的时候，你

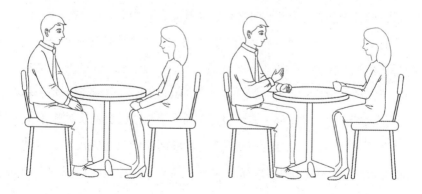

的眼睛是不是有意无意地追逐着对方的手呢？这是因为我们的大脑自动把对方的手部动作归在了交谈内容里，当我们看不到对方的手时，就会产生"他说的不一定可信"等想法，从而影响我们对对方的信任度。

我们在法庭上也可以发现这个现象：陪审员大都不喜欢律师们发言时站到演讲台的背后，因为他们想要看到律师的手。同样陪审员也不喜欢证人将手放在桌子后，这会让他们感觉证人没有完全说出实情或者根本就是在说谎，虽然把手藏起来和撒谎没有必然的联系，但手部的消极动作的确会引发消极的认知。陪审员们的判断也是有些道理的。

总之，我们的双手也有属于它们自己的语言，它们无形中影响着我们的形象。所以，不管双手漂不漂亮，都不要把它们藏起来。露出双手，才能露出真诚，为自己的信誉度加分。

十指连心，一个人手势的动作变化与他的内心变化往往是同步的。传播学家研究发现，手上的小动作往往比有声语言更能传达出说话者的心意，因为作为一种可视的沟通形式，它比语言传递得更远，而且不会受到那些有时会打断或淹没话语的噪音的干扰。所以，有时候，手势是一种独立而有效的特殊语言，它能传递一些我们熟悉的信息。比如，拍手表示激动或赞成，而把小指和拇指呈电话状表示需要打电话；大拇指朝上表示赞同或钦佩，大拇指朝下则表示不赞同或鄙视对方；伸手表示想要东西，手背在后面表示不想给予。

手势里蕴含大量的信息，是随着说话者所表达的内容、具体的环境，以及在某种感情的支配下，自然而然地流露出来的。因而，在某种程度上来说，手势是人的第二张面孔，传达着丰富多彩的信息。我们可以根据这些手上的小动作读取对方的心理，然后让我们之间的交流更加愉快。

十指交叉的双手

一般来说，当一个人坐于桌前时，十指交叉置于下巴的前方，两胳膊肘抵放在桌面上，头微微扬起，双眼平视前方，胸部稍微前挺，双肩自然下垂并由此给人一种脖子上升的感觉，这就是一个典型的自信姿势，并能给人一种威严感。

在各种形式的身体语言中，最不受重视，却是最有力的非语言信号是人的手掌，尤其是十指交叉的双手。如果能将十指交叉这一姿势使用得非常正确和得体，它就会使使用这一姿势的人显得非常自信和有权威，并且还能对别人产生一种无形的控制力。

当人们在谈话或是聊天时，常常会有意无意地将自己的十指交叉在一起。最常见的姿势是把十指交叉的双手平放在胸前，面带微笑地看着对方。也有的将十指交叉的双手放在桌面上，或是放在自己的膝盖上，这种动作，常见于发言人。发言者做出这个动作，表明其发言正处于侃侃而谈的时候。

一般来说，发言者做出这个动作是其充满自信的表现，但有些时候却并非如此。比如，某个员工在发言会上陈述自己的观点和意见时，随着发言的进行，人们发现他十指不由自主地紧紧地交叉在了一起，由于太过用力，其十指也变得苍白。他的这一手势表明，他此时不是自信而是非常紧张。因而心理学家研究后认为，十指交叉在某些条件下也是一种表示紧张、沮丧心情的手势，表明使用这个手势的人在极力掩饰其窘迫或失败。

一般来说，十指交叉这一手势最得女性的青睐。十指交叉的方式不同，其所代表的意义也是大相径庭的。如果一个女性喜欢用双肘支撑着交叉的双手，或是喜欢把下巴放在交叉的双手的上面，则说明其是一个非常自信的人。如果一个女性在站立时喜欢将十指交叉的双手置于胸前，则表明其具有很强的戒备心理，她可能在感情上或是生活上曾经受到较大的伤害。她之所以做出这个姿势，是在尽力保护自己，以免再一次受到伤害。如果一个女性将自己的头置于十指交叉的手上，则说明其可能在后悔或反思自己的某一决策或是行为，当然她也可能是在思考某一问题。

很多情况下，一个人十指交叉手势位置的高低与其情绪有关。一般来说，当一个人把十指交叉的双手置于胸前或是腹部时，则说明其情绪状态较为积极、高亢，对自己充满了信心，同时也会让其显得高深莫测，偶尔还会有几丝神秘色彩。当一个人把十指交叉的双手置于腹部以下时，则说明其情绪状态较为低落、消沉，同时也会让其显得坦诚无欺。

总体来说，十指交叉的意义多跟当时的环境情况有关，要想判断做此动作的人具体的情绪状态，就要配合其他的非语言信息下结论。

尖塔式手势表明高度自信

在前面提到的很多身体语言中，大多姿势所传递的信息需要结合其他姿势群或者是具体的环境才能准确解读，因为某一特定的场合中某个手势可能具有某个特定的含义，而在另一个不同的场合中可能就代表另一种含义或者根本没有含义。举个简单的例子，在一个寒冷的房间里，一个人将双臂交叉放在胸前可能仅仅是为了防寒取暖，而与防御自卫或者孤独离群没有丝毫关系。但是在身体语言中有一个姿势却是特例，它是一个孤立的姿势，不需要其他的姿势来配合也不需要考虑环境因素，就能表达一个明确而具体的含义，它就是"尖塔式手势"。接下来让我们听听心理学如何解读这个手势的含义吧。

尖塔式手势，是对一种手势的形象称呼，指双手手指一对一地在指尖处结合起来，但两个手掌并没有接触，外表看上去就像教堂的尖塔一样，故而被称为尖塔式手势。它表达的意义就是姿势发出者对自己非常自信。一般来说，采用这个姿势的主要是这样一些人：非常自信、有优越感，较少使用身体语言的人。

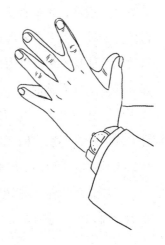

尖塔式手势常用于上下级之间的互动关系中，用来表示自信和无所不能。经理或部长给下属传达通知、布置任务时，常会自觉或不自觉地做出这个姿势。这在律师、IT 人员、经济师之类的人群中尤为常见。他们之所以喜欢做出这个姿势，想通过此种姿势，向别人表明对自己所说的话，或者是所做的决定，具有十足的信心。

职场中有一种很普通的现象就是那些自信的佼佼者经常使用尖塔式手势，以显示他们的高傲情绪。在上下级之间，这种手势主要用来表示当事者"万事皆知"的心理状态。如某些大公司的总经理在给他的下级传达指示时经常使用这一手势，某些做报告的领导，常常坐在讲桌旁，双臂支放在桌子上，双手不由自主地形成尖塔式。这种手势在会计、律师、经理、单位领导和同类人中间显得更普遍。

具体来说，根据尖塔的朝向，尖塔式手势可以分为向上和向下两种姿势。当一个人向别人发号施令，或是在阐述自己的观点、意见时，其手势的尖塔朝向上方；当一个人在聆听别人说话时，其手势的尖塔可能会朝下。

心理学家研究发现，女性不论是在对别人发号施令，还是在聆听别人说话，她们都喜欢用倒置的尖塔手势来含蓄表达自己的自信。如果一个人在做出尖塔朝上手势的同时，还昂起自己的头，这就表示他是一个自以为是，并且很自大的家伙。更为夸张的是，如果某些人在看你时，常常做出尖塔式手势：先把十指做成尖塔式手势，并将其置于与双眼平行的位置，然后透过两掌间的缝隙盯着你，一言不发。做这样的动作就好像在告诉你："你心里在想什么我都一清二楚，不要在我面前耍花样，不然后果很严重！"

尖塔式手势是一种积极、明确的姿势语言，除了可以用于积极的方面以外，它还可以用于消极的方面。比如，当一个下属在向其经理汇报工作时，他可能会做出一些积极的姿势，比如摊开双掌、身体前倾等。经理在下属汇报完毕后，他可能做出尖塔式手势。要想判断经理这个手势的意义是积极的，抑或是消极的，关键就在于经理做出的这个动作是在他的一些积极姿势之后，还是在一些消极姿势之后。如果是在一些积极姿势之后做出的，则表示他肯定了这位员工的工作；如果是在一些消极姿势之后做出的，则表示他不太满意这位员工的工作。

总体来说，尖塔式手势代表的就是做此动作之人的自信高傲，如果你想提高自己在他人眼中的自信度，这个姿势是个不错的选择。当然，你不需要考虑当时的环境是否适合它，因为它是种例外的身体语言。

紧握双手表示挫败感

通常人们给自己鼓励的时候会把双手放在一起紧握一下，似乎这个动作可以给自己增加信心和力量。但是，你可能不知道当人们有挫败感时也会紧握双手。

在一次商业谈判中，甲方代表看到乙方代表放在桌子上的双手紧紧地握在一起，而且越握越紧，以至于他的手指都开始泛白。甲方代表于是胸有成竹地提出了自己的要求，结果乙方居然轻易地答应了。

甲方代表自信地提出要求，是因为他从乙方代表的身体语言中已经读出了他的内心所想。紧握双手的动作体现的其实是一种拘谨、焦虑的心理，或是一种消极、否定的态度。谈判专家尼伦

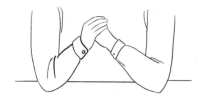

伯格与卡莱罗曾经针对这一动作开展过专项研究。其结果显示，如果有人在谈判中使用了该动作，则表示此人已经有了挫败感。这就意味着，在他的心中，焦虑与消极的观点开始蔓延。所以甲方代表判定自己在谈判中已经占据了主导地位。

紧握双手的动作按照其紧握双拳的位置大致可以分为：脸部前握紧的双手；坐下时，将手肘支撑在桌子或膝盖上，然后握紧；站立时，双手在小腹前握紧。

在这一动作中，双手的位置所体现出来的信息也是很重要的。你可以由此判断动作者的内心焦虑感有多强烈。因为双手位置的高低与此人心理挫败感的强烈程度有十分密切的关系。通常情况下，当一个人将两只手抬得很高而且双手紧握的时候，即双手位于身体的中间部位时，要想与他有进一步的沟通就会变得很困难。如果他的双手位于身体下部的时候，与他交流就会更加容易。

那么，当你发现对方紧握着双手，如何做才能让他放松防备，从而畅快地交谈呢？当发现对方将手放到了所谓的难沟通区，你就必须要想办法破解它。改变谈话的内容是一方面，但一些小技巧的使用会更快捷。你不妨停下来，为他递一杯茶或者递给他其他物品。这些物品需要他拿在手上，如此一来，他也就没有办法采取双手紧握的方式了。这些小技巧看起来并没有什么高妙之处，但实际上，人的潜意识能影响外部动作，反过来外部动作也是可以影响潜意识的。所以当你让对方做出了开放型的姿势以后，他才能更容易地接受你的意见。否则，紧握的双手就会和交叉的双臂一样，将你的所有观点和想法全都拒之门外。

我们通常会认为紧握的双手是自信的标志，因为动作者通常还伴有面部微笑。而实际上，内心真正轻松且自信的人很少做这个动作。因为紧握的双手互相用力，仿佛在找一个可以依靠和发泄的场所，体现出来的心理语言不是紧张就是沮丧和焦虑。

握紧双拳是典型的武装姿势

与紧握双手不同，当人们开始紧握双拳的时候，说明他们对你产生了敌意，因为紧握双拳是一种典型的武装姿势。

著名的人际关系大师亚伦皮斯在幼年时已经学会了一套察言观色的本领。他曾经上门推销橡胶海绵。并且知道当对方的手心展开时，他就可以继续他的推销活动。而如果对方虽然表面上和气，而手却攥紧了拳头，他就要马上离开，免得浪费时间。

握紧拳头是指在交谈的过程中，对方两手握拳的时间较长。最常见的是两手握拳于身后呈叉腰状，或者双手抱胸两手紧握而不是像平时那样两手掌张开，有时是两手握拳，撑在下巴处。

握紧拳头是心理学上的武装姿势，美国心理学家布莱德曼经研究证实，在很多情况下，一个人做出此种手势其实并不代表着他非常自信，与之相反，它代表此人正处于一种焦虑、紧张，或者是失望、悲观的情绪之中。例如，当一个人将双臂环抱于胸前时，还加上了双拳紧握这个细节动作，这一动作代表强烈的敌意。如果有人在和你交谈的过程中，握紧拳头，我们可以推断出，他心里很讨厌你。这样的人有着明显的防御意识，同时你也可感受到对方的敌意。紧握的双拳是他在极力克制自己的情绪。你也可以从他的其他身体语言上看出这一点，比如眉头紧皱。如果此时你激怒他，他会由这种显示敌意的状态真正转变为敌意爆发的状态。

王明和小张是同寝室的大学室友，4月1日那天，王明偷拿了小张的论文。在小张焦急地寻找论文时，王明拿出论文，说：你也太笨了，就放在你的枕头下面啊。小张不由自主地握紧了拳头。王明并不在意，继续和室友一起起哄，一起嘲笑小张。结果，小张对王明大打出手。

从上面的例子可以看到，王明没有及时理解小张传递出来的手势信号，所以才激怒了焦急、羞愤的小张。其实，只要你懂得观察，就可以从对方的姿势，看出他们对你这个人的看法。

1.手掌向上自然平展的人，对你有好感

你和朋友聊天时，经常可以看到，他靠在桌子上，掌心向上，一只手可能还夹着烟。这表示对方对你颇具好感，想和你更亲近。手掌向上自然平展是身心放松的表现，只有对你没有戒备，才会展现这类手势。

2.手掌向下自然平展的人，对你还有戒备

平展的双手通常会放在椅子扶手上、大腿上，有时候还会放在面颊上。这表明他极力想对你示好，但心理还有戒备，不过这种手势很普遍，大体上对你还是有好感的。

3. 双手摊平合十的人，对你很抗拒

这是我们大家熟悉的祈祷手势，有人用这来表示拜托、请求。如果我们遇到这样的人，基本可以断定，这人是对你抗拒的，这种动作往往用在有求于人的时候，虽然嘴上要求，但心里往往是抗拒的。

另外，在某些特殊情况下，一些人有了握拳的动作，其实并不是讨厌你，例如有些人在内心焦虑或紧张不安的时候，也会做出握拳的动作，这是一种对自己负面情绪的安慰，是一种心态的特殊反映，所以我们应该区别看待。也就是说，判断身体语言的时候，还要把人当时的情绪处境考虑在内，不能把一个动作钉死在一个意思上，这样会影响我们的判断。

翻手为云，覆手为雨

中国有句成语叫作"翻手为云，覆手为雨"，是用来形容人变化无常或者善于耍手段。虽然这个说法有点夸张，但是翻手覆手之间确实有着它所代表的含义。人类的掌心方向传递着奇妙的身体语言。

翻手为云，覆手为雨。两种动作便可导致两种完全不同的心理感受。

1. 你是善意的，那就把手心示人

把手心示人通常让人感到的含义是表示服从和妥协，可以

说这是一种表达善意的手势。为什么这么说呢？这个动作首先让我们联想到乞丐乞讨时的惯用动作，表达哀求之意。而从历史上看，这个动作应该是人们用来告知对方：我的手中并没有武器，我是友好的。

表达友好的手心向上动作也经常见于我们的生活之中。比如礼仪小姐在指引路线时，就会用手心向上的动作指明前进的方向，代表了一种友善的诚意。而向某人介绍另一人时，也会用手心向上的手势指着被介绍者，这其中还蕴含着尊敬感。

而表示妥协的手心向上姿势我们也经常见到。当丈夫遭到妻子的责骂时，通常会双手一摊，表示"我的确什么也没干过"。这个姿势既是表明自己的清白，也有承认错误并且要求妥协的意思，不希望妻子继续声讨他。但撒谎的男人一般来说就不会做这个动作，他会下意识地隐藏自己的手心，而敏感的妻子就会发现有什么地方不妥。

举起一只手并以手心示人，表明自己想要发言，或者想引起注意。而将手掌按压于心口之上，表明自己的真心。

2. 希望控制对方，那就隐藏手心

与手心向上或者露出手心相对，手心向下或者隐藏其手心就有了完全相反的意思。多数时候，这个姿势代表了一种权威性。

你对着某人做出这样的动作：将手掌反过来，摆出手心朝下的手势。对方可能就会马上意识到你希望控制他。一般来说，这个动作由上级对下级做出。并且这个手势也并不会对你的要求产生任何消极的作用，因为你本来就有凌驾于他之上的权力。这个手势不过是强化了这一认识，对方会立刻照做。假如你和对方的身份和地位平等，当你对他提出这个要求并做出了手心朝下的动作，这个时候对方很可能会拒绝你的要求。因为你的动作让他感觉到了你想控制他，而通常男性是不会希望同级别的另一个人指挥自己的。当然，下级对上级就极少用这种姿势了。

这个动作在生活中有了变体，身体语言专家亚伦皮斯曾在他的著作《身体语言密码》中提到这样一个例子。他以夫妻牵手为例，认为我们能从牵手动作中察觉谁在这个家庭更有权威性。通常，男性会稍稍走在另一方的前面，而他的手也就自然而然地压在了跟在他后面的妻子的手的上方，其手心面朝后方。他的妻子由于位置稍稍靠后，其手心也就会很自然地向前迎合丈夫朝后展开的手掌了。这个小小的细节已经体现了男方在这个家庭拥有主导的权力了，也暗含了他的强者姿态。

摩拳擦掌表示想要尝试

在汉语词典中，"摩拳擦掌"是一个成语，意思是形容战斗或劳动之前，人们精神振奋、跃跃欲试的样子。实际上，在身体语言的词典中，它也是这个意思。这并不是文字的夸饰，这个形容词是源于生活的，现实中，人们的确常常会用摩擦手掌的动作来表达对某一事物的期待之情。

比如，会场主持人一边搓着手掌，同时对听众说"下一位就是我们期待已久的某某先生"。掷骰子的人在掷出以前，往往会用手掌不停地搓骰子，以期自己成为赢家。满脸通红的孩子跑进家门后，摩擦着手掌对父母说，"爸妈，这学期我又考得了第一名。"需要注意的是，在寒冷的冬天，当一个人在车站急切等待公共汽车的时候，不停地搓着双手，一方面有可能是他急切期待公共汽车快点到来，另一方面有可能是他感觉太冷，所以双手不停地搓来搓去。

有趣的是，同样观察一个人搓手速度的快慢，还可以知晓他对所期待事物的期待程度和他内心的情绪状态。如果一个人站或坐在那里急速地搓动着双手，则说明他非常期待某件事情的发生，或是极度渴望自己能做成某件事情，此种情况下，他内心的情绪肯定是较为急切的。反之，当一个人站或坐在那里慢慢地搓着手，则说明他在遇到有决定性作用的选择时的一种犹豫不决，或是将要做的事情可能会遇到很大的阻力，此种情况下，他内心的情绪是摇摆不定的。

需要提醒大家的是，我们理解每个动作的含义都不能离开当时的背景。比如摩拳擦掌，并不是任何时候都代表兴奋和期待。寒冷的冬季，你看见一个摩拳擦掌的人，他可能也像掷骰子的人一样往手心里吹气，但那仅仅是因为太冷了，想要摩擦生热而已。

第十章　行为习惯是内心性情的真实写照

在自动扶梯上还要自己上楼是一种竞争意识的体现

　　电视剧或者电影中总会有一些镜头：行色匆匆的主角精神抖擞、健步如飞地走向办公室，乘坐自动扶梯时，他们会在左侧不停地自己上楼梯，超过站在右侧的人，如果左侧被人占了，他们会显得很不耐烦，往往还会要求对方给自己让路……他到底是为什么这么着急呢？

　　这是因为他体内的竞争因子在督使他向前冲、超过别人。这种人是竞争意识强的人，在自动扶梯上行走，再加上自动扶梯本身也在上升，会让他们觉得自己的速度很快，再加上不断地超越了右侧的人，让他们有种获胜的快感，无形之中，他们"不愿输给任何人"的竞争意识就得到了满足。于是，他们喜欢在自动扶梯上不断向上走，或者是乘坐自动扶梯下楼时自己也往下走。

更快！比他人快！是他们的追求。这类人一般都非常固执于自己的步调，在任何情况下都有在自动扶梯上行走的欲望，所以他们不会为别人着想，不考虑自动扶梯上人太多，大家只有站在左右两侧以前进的情况，只要有人挡在左侧，他们就会焦躁，对那个人心生不满。他们会在心里默念："这人怎么没素质啊！左侧明明留出来做应急通道给人行走的，为什么非得站在左侧呢？"他们考虑的都是自己的心情，是个自我中心主义者，而且极其讨厌别人打乱自己的步调。

有竞争意识是好的，但是竞争意识太强了也不好。这类人总是像有强迫症一样，时刻逼迫自己做出赢过别人的举动，不仅把自己逼得太紧，也会使自己丧失为人着想的美德，甚至给别人带来困扰和不便。

为了避免遇到这些"电梯狂躁症"患者，你乘坐自动扶梯时，不妨站在右侧，给他们留出通道，省得给自己找麻烦。

在网上发表恶意言语的人心理不成熟

当我们浏览网上的留言板或者一些回帖时，会有一种很复杂的感觉。因为有太多的恶意言论充斥其间，甚至有满是脏字地破口大骂。而且，网络上这种激烈的恶意言论还有增多的趋势，比如，在拥有众多用户的网站上，除了一些肮脏的字眼，攻击性的字眼也屡见不鲜。

这是因为我们生活在一个互联网发达的时代。我们在网络上为自己起一个虚构的名字，就可以为自己塑造一个完全不同的形象，甚至伪装成一个陌生人。因为没有人认识，也就不用顾忌会对自己产生什么不良影响，所以不考虑外界的因素和别人的感受，在网上肆意地信口开河，发表恶意言论。

其实这样的人是幼稚而脆弱的。因为虽然他们仅仅是一时冲动，口出恶言，但是被指名道姓的一方却并不这样认为，这样很可能会给自己带来严重的后果，也许就被人家一纸状书告上法庭，被状告诽谤罪。所以，他们心理不成熟，单纯而幼稚，做事之前不考虑。另外，他们心里不平衡，不找知心朋友或亲人倾诉，而是选择在网上发表恶意言论，证明他们内心很脆弱，不想把自己的问题公之于众，于是就在网上找平衡。

无论是在网上发表恶意言论，还是在生活中口出恶言，都是一种幼稚和脆弱的表现。真正成熟而内心强大的人，是不会说出那样的话的。

经常迟到者通常做事散漫

守时是基本的礼貌，但有些人总是习惯于迟到。他们总是习惯性地迟到一会儿，少则几分钟，多也不超过二十分钟。其实只要早一点出发就可以避免迟到，但是他们就是做不到，而且，每次迟到都要费尽心思地找借口，什么"堵车""忘记东西又回去拿了一趟""表坏了"等，然后下一次继续迟到。这种人很容易给别人留下"散漫""没有时间观念"的印象，难以成为职场上的成功人士。

你身边有这样的人吗？他们平时做事可能态度也不错，也肯定不是每次都迟到，但是和你约好见面时，却总是习惯性地迟到几分钟。如果你的身边有这样的人，那么你要注意了。有些人迟到是因为态度傲慢，表示他看不起对方。这是因为在他看来，对方是无关紧要的，迟到一会儿，也没有关系。

　　总是迟到的人，也是不遵守时间的懒散之人，并且比较自私。他们不考虑对方，只想到自己。遇到这样的情况，你应该先反省一下，看看自己是否也常迟到。如果有，先改变自己的这个坏习惯。如果没有，就应该根据情况采取措施了。不过，如果对方是你的上司，那你只好忍耐了。但是，如果对方是你的同事，哪怕是资历比你深的前辈，你就要想办法解决这种状态了。

　　不过，也有故意迟到的情况，并以此来试探对方对自己的重视程度。比如在恋爱中，经常会有女孩故意迟到，看男朋友是不是等得不耐烦了。一旦发现有焦躁的情绪，就会想：我才迟到10分钟，他就生气了，可见他并不爱我。

　　如果你等的人迟到时间超过了20分钟，那就不仅是态度傲慢的问题了。根据一项调查，"等待的人一直不来"的状态持续20分钟后，人就会开始焦躁。所以，迟到20分钟，就是挑战对方忍耐力的极限了。如果你等的人，迟到20分钟，这只能说明他工作秩序混乱，组织性不强。也可以说明，他想借迟到故意抬高自己，向你施压。因为有些人喜欢以此来压低对方，从而抬高自己。因此，在碰到这样的人时，应该引起警惕。

　　也有一些人，习惯于有计划地防备意外发生，也不想急急忙忙地赶过去，所以总会比约定的时间早一些到达。这样的人，守时，对自己要求严格，个性比较体贴，或者不想被人抓住弱点，留下不好的印象。如果提前30分钟到达，也并不是好习惯。早到这么久，说明对方的性格比较急躁，沉不住气，总是想早点见到对方。

守时是言而有信、尊重他人的表现，而习惯性迟到，是态度傲慢，不懂得尊重他人的表现。所以，当你碰到这样的人，一定要注意。

经常以手托腮的人爱幻想

警察在审讯嫌疑犯时，最讨厌看到对方用手托腮。喜欢用手托腮的人在谈话中，要么显示出对谈话心不在焉的样子，要么显得精神疲惫、心事重重。用手托腮的人心里活动很丰富，必须仔细地观察。

心理学家指出，以手托腮的动作，是一种替代的行为。用自己的手，代替母亲或是情人的手，来拥抱自己或安慰自己。在精神抖擞毫无烦恼的人身上，通常是看不到这样的动作的。只有那些内心不满、心事重重的人，才会托着腮沉浸于自己的思绪中，借此填补心中的空虚与烦恼。这样的人往往热衷于幻想，喜欢任自己的思绪漂浮在世俗之外。

如果你眼前的人，正用手托腮听你说话时，那就表示他觉得话题很无聊，你的谈话内容无法吸引他。或者他正在思考自己的事，希望你听他说话。而如果你的恋人出现这样的举动，也许他厌倦了沉闷的聊天，希望你给他一个热情的拥抱！

倘若平日就习惯以手托腮的话，表示此人经常心不在焉，对现实生活感到不满、空虚，期待新鲜的事物，梦想着在某处找到幸福。想抓住幸福的话，不能只是用手托着腮幻想而什么都不做。守株待兔便是这类型的人最佳的写照。有这种个性的人在谈恋爱时，会强烈渴望被爱，总是祈求得到更多的爱，处于欲求不满的状态。从另一个角度来看，这种人因为觉得日常生活百无聊赖，而惯于沉浸在自己编织的世界中，偏离了现实世界，脑中皆是浪漫的情怀，与之交谈，往往会有一些意想不到的有趣话题出现。

双手托腮、喜欢幻想的他就像一个爱撒娇的孩子，随时需要呵护，但太过于溺爱也不是好事。拿捏好尺度，适当地满足他的需求才是上策。而经常做出托腮动作的人，除了要自我检讨这种行为是否是因内心空虚产生的反射动作外，也应尽量充实自己，减轻内心的痛苦，试着通过心态的调整，改善表露在外的肢体动作。

生活中，我们还可以看到一只手抚腮、一只手扶着另一只胳膊的人。这样的人戒备心理很强，大多数在幼儿时期没有得到父母充分的爱，例如：母亲没有亲自喂母乳、总是被寄放在托儿所、缺乏一些温暖的身体接触。在这种环境之下长大的人，特别容易出现这种审视他人的身体动作。

如果谈话对象在和你交谈的过程中，经常以这样的姿势面对你，那么表示他对你的话有所怀疑，对你的话题也没有多少兴趣。

总之，如果你的谈话对象总是习惯用双手托腮或用单手托腮，并且显出一副心事重重的样子。那么他多半是热爱幻想、喜欢浪漫的人，要想和这种人成为亲密的朋友，可能要花上一段时间。

买东西时轮到自己前就把钱准备好的人过于在意别人对自己的看法

要观察一个人大方与否，从他在柜台付账的方式和他对金钱的态度中可以得到不少线索。

比如，有的人在轮到自己之前，就会把钱准备好，这类人是考虑很周到的人，他们会事先考虑后再慎重行动，他们的筹划能力和执行能力都很强，在工作上可以充分发挥自己的实力，容易取得工作上的成就。而且他们会考虑别人，尽量使自己的行为不给别人带来烦恼，因此深受他人的喜欢，人际关系不错。不过他们因为太在意他人对自己的看法，会经常因此感到压力，有时显得有些神经质，谨慎过头。

有些人不仅会事先准备好钱，还会先算好找零再付账。比如，一件物品是 15.5 元，他们会给对方 20.5 元，然后让对方找给自己 5 元整。这需要迅速计算的能力，因此这样的人头脑比较灵活。而且，他们认为自己的计算不会出错，是比较自信的人。他们之所以不愿意让对方找自己一堆零钱，就是怕自己的钱包又大又鼓。

与之相反，有些人在得知应付的金额后，才翻出钱包付账。他们总是事到临头再付诸行动，是不善于计划的人，习惯于临场解决问题，对自己的情况也很难确实掌握。这样无计划的人总是会急急忙忙地处理事情，因而容易出现失误。

有的人会在付账时付刚好的钱。这种人是注意细节的人。他们在思考问题时，任何细节都不会疏忽，对事物的看法也是黑白分明。如果他们和别人顶嘴的话，就会一条一条地分析，是一个啰唆的人。如果在翻钱包找零钱的时候，会预先告知店员"请稍等"，说明他们会坚守自己的看法和风格，不会胆怯，且个性率直。

有的人总是喜欢拿大钞来付账。即使他们购物所花费的金额不大，但是他们仍然会拿100块或者50块的整钱出来。这样的人通常是很注重自己的形象和外表的。因为他们觉得当着别人的面，打开钱包翻找东西会不好看，会让别人觉得自己小家子气。不过，如果他们看上去外表并不是很雅观，那就是说明他们是粗枝大叶的人，他们一般不会去考虑细节，所以才会随便抽出一张大钞，付账了事。还有一种情况，是他们不想在找零钱的时候让店员等，那样他们会感到不好意思，感到给别人添麻烦了。这样会让他们的心情不好，所以他们宁愿抽出一张大钞，让店员找，让自己等待。如果，他在付出大钞的同时还说"不好意思，没有零钱了"等话，说明他在人际关系上有些胆怯，他时刻担心别人会对自己不满或者对自己产生误解。

还有的人总是喜欢用信用卡付费。即使购物所花费的金额较小，他们也是习惯刷卡。这样的人分为两种情况，一种是只带卡不带现金；另外一种是把好几种卡并排放在钱包里。因为他们觉得金钱交易的行为很麻烦，而且，也讨厌那些所谓的大款的派头。不过，他们却很注重有逻辑的事物，做事干脆利落，也不喜欢那些暧昧不清的关系。有的时候，会让人觉得他们没有人情味。

热衷阅读时尚杂志的人大多具有从众心理

"今年很流行博主风。""那种搭配早就不流行啦！"我们每天挂在嘴边的"流行"，语源是"事物像河流一样在世间流过"。现在的流行，当然就是指穿衣打扮、行为等在世间兴起一时的现象。

有些人每个月都要阅读当月的时尚杂志，我们谈起这类人会说他们喜欢"赶时髦"。所谓"赶时髦"，就是指追赶潮流的特性或性格；迎合当下最流行的风尚。"流行"都是有源头的。比如，一些刚刚兴起的事物尚未被大众接受，经过某些特殊渠道引起了团体、族群或者有名的个人（基本上都是演艺明星）的注意，导致主流人群开始关注它、了解它、使用它。所以说"流行"是一个广义的词，它具有改变我们现在生活习惯的威力。

心理学家研究称，不只是关注时尚的人，绝大部分人都喜欢"赶时髦"，也就是有"从众心理"。"从众心理"是指个人受到外界人群行为的影响，而在自己的知觉、判断、认识上表现出符合公众舆论或多数人的行为方式。人的从众性是与独立性相对的一种品质，从众性强的人缺乏主见，容易接受暗示，不加分析地接受别人的意见并付诸行动。

为什么会发生从众的行为呢？大多数人以流行趋势的发展为转移，他们一般都有这样的想法：合乎时尚的就是美的、有生命力的，反之则是保守的、不合时宜的。从众心理实际上是人们寻求社会认同感和安全感的表现。每个人都有这种心理倾向，即被大多数人所接受，个人也愿意接受。

通常来讲，群体成员的行为具有跟从群体的倾向。当一个人发现自己的行为、思想与群体没有保持一致性的时候，或者与群体中的大多数存在分歧，就会感到压力，这种压力是促使他趋向于群体那一方的原因。这就是从众行为的由来。从众行为大多没有直接的社会评价意义，因为从众行为本身无所谓积极或者消极，在任何社会中，多数人的观点和行为保持大体上一致是必要的。但是过分地从众是不可取的，缺乏独立思考的能力，就会失去自己的个性。

既然生活中存在从众者，那么自然有利用从众心理谋取利益的人。某些商家就利用这种心理进行促销，通过炒作使自己的商品引人注意，从而达到让人们"一窝蜂"购买的目的。一些引起轰动的大事件，群众会互相传播、讨论、参与，也有人为地夸大宣传造成的。总之，如果舆论造起来，人们就容易跟风，有从众心理的人就会跟着凑热闹，从而出现"赶时髦"的现象。